정원에   묻은   것을   파내야   한다

Authorized translation from the Japanese language edition, entitled
《シリーズ ケアをひらく》 庭に埋めたものは掘り起こさなければならない
ISBN 978-4-260-05766-0
著: 齋藤 美衣
published by IGAKU-SHOIN LTD., TOKYO Copyright ⓒ 2024
All Rights Reserved. No part of this book may be reproduced or transmitted in
any form or by any means, electronic or mechanical, including photocopying,
recording or by any information storage retrieval system, without permission from
IGAKU-SHOIN LTD. Korean language edition published by Dadalibro ⓒ 2025

이 책은 JMCA를 통한 저작권자와의 독점계약으로 다다서재에서 출간되었습니다.
저작권법에 의해 한국 내에서 보호를 받는 저작물이므로 무단 전재와 복제를 금합니다.

죽고 싶은
몸과 마음의

흔적을 찾아서

정원에 묻은 것을 파내야 한다

사이토 미에 Mie Saito 지음 ○ 김영현 옮김

다다
서재

차례

이 책을 읽으려 하는 독자에게

07

1부 세계와의 접점

1	흔해빠진 평범한 행정입원	13
2	급성 골수성 백혈병의 일상	53
3	살아 있다는 체감과 섭식장애	81
4	자폐스펙트럼을 자각하다	101

2부 더욱더 파고들기

1	쓸쓸하다	139
2	죽고 싶다	154
3	사과하다, 용서하다	170
4	자신을 용서하다	186
5	시간이란 무엇인가	198
6	만지다	210

에필로그

일러두기
1 본문의 각주는 모두 옮긴이의 것입니다.
2 외래어는 국립국어원 표기법을 준수하되, 일부는 일상에서 널리 쓰이는 표기를 따랐습니다.

이 책을 읽으려 하는 독자에게

2022년 봄. 나는 주치의의 권유로 심리 상담을 받기 시작했다.

첫날, 상담사는 내게 "왜 상담을 받자고 생각하셨어요?"라고 물어보았다. 그때 나는 "합법적인 안락사가 없으니까요. 하는 수 없어서."라고 답했다. 나 스스로도 끔찍한 답이라고 생각했다. 하지만 그 답이 거짓 없는 내 마음이었다.

나는 매일 닥쳐오는 '죽고 싶다'와 맞설 기력이 거의 없어서 힘들지 않게, 아프지 않게, 빨리 죽고 싶었다. 그때 내가 가장 원한 것이 합법적인 안락사였다. 지금 돌이켜보면, 나는 그때 낭떠러지 끝에 아슬아슬하게 서서 어떻게 해야 할지 모르는 상태였다.

의료 기관과 연결되면 내가 하는 이야기는 질병이나 장애 판정을 받았다. 상담과 연결되면 그것은 마음속 깊은 곳의 문제가 되었다. 당연히 의료도 상담도 제각각 나를 도와줄 가능성이 있었고, 실제로 나를 구해주었다(지금도 구해주고 있다). 하지만 나는 의료도 상담도 무언가 부족하다고 느꼈다.

이 책은 어째서 내게 매일 '죽고 싶다'가 찾아오는지, 그 이유를 찾기 위해 목적지도 없이 출발한 여행의 기록이다. 내게는 글쓰기라는 작업이 필요했다. 필요라기보다는 필연이었다. 오로지 글쓰기라는 행위만이 내게 '자기 자신'이라는 미지의 땅에 발을 들일 용기를 주었다.

그리고 나는 이 책을 절반은 나 자신을 위해 썼지만, 나머지 절반은 지금 이 글을 읽는 당신을 위해서 썼다. 이 책은 나의 이야기지만, 그와 동시에 당신의 이야기이기도 하다.

이 책을 쓰면서 나는 몇 번이나 세계와 새롭게 다시 만났다. 지금도 계속 그러고 있다. '세계와 다시 만나는 것'은 '나와 다시 만나는 것'이다. 이 책을 쓰면서 나는 나를 몇 번이나 발견하고, 확인하고, 안아주었다. 이 작업은 내 것이지만, 그와 동시에 이 책을 읽고 있는 당신의 것이기도 하다고 생각한다.

부디 세계와, 자기 자신과 다시 만나는 이 여행에 당신도 함께해주길 바란다. 지금 나는 그렇게 바라고 있다. 당신이 있으면 무척 마음이 든든하니까. 만약 당신이 예전의 나처럼 고통의 한복판에서 어쩔 줄 모르고 망연자실하고 있다면, 모쪼록 나와 함께 여행을 떠나길 바란다. 그 과정에서 당신이 조금이라도 '세계와 다시 만날 수 있다면' 이 기록을 남긴 이로서 더할 나위 없이 기쁠 것이다.

1부

세계와의 접점

1

흔해빠진
평범한 행정입원

2023년 8월 23일 오후 5시경, 정신 차리고 보니 나는 우리 집 침실에서 여러 경찰관들에게 둘러싸여 있었다. 에어컨이 켜져 있었지만 실내는 찜통 같았고, 나는 눈물과 땀으로 범벅이 되어 오열하고 있었다.

10대가 끝날 무렵부터 나는 간헐적으로 정신과를 다녔고, 30대 초반에는 수차례 입원도 했다. 40대가 되어 다시 상태가 나빠졌고, 약 1년 반 전부터 정신과 병원에 통원했다.

자살성 사고 suicidal ideation* 에 대한 첫 기억은 6세 때다. 초등학교에 입학할 무렵으로 모두가 속한 세계에 내가 들어갈 수 없다고 느꼈다. 주위 사람들의 말이 외국어처럼 들려서 전혀 알아들을 수 없었다. 알아들은 말도 사실이라고 여겨지지 않았다. 사람은 머릿속 생각과 다르게 이야기하는 것 아닐까, 아니면 아무 생각 없이 말하는 것 아닐까, 하는 의문을 품었다. 어느 쪽이든 나는 사람들의 그런 언동을 이해할 수 없었고, 타인의 말을 어떻게 받아들이면 되는지 어떻게 반응하면 되는지 알지 못했다.

2023년 봄부터 자살성 사고는 점점 더 자주 강하게 들이닥쳤다. 나의 '죽고 싶다'는 마음은 내면에서 솟아나는 것이 아니다. 갑자기 밖에서 닥쳐온다. 슬픈 일이나 힘든 일 때문

---

* 자살을 깊이 생각하거나 검토하거나 계획하는 사고 과정을 가리킨다.

에 죽고 싶다고 생각하는 것이 아니라 의지와 상관없이 '죽고 싶다'가 다가온다. 그리고 그럴 때 뚜렷한 육체적 고통이 동반된다. 그 고통은 칼날이 40센티미터 정도 되는 똑바르고 긴 날붙이가 천천히 깊게 옆구리를 찌르는 듯한 것이다.

'죽고 싶다'가 닥쳐오는 빈도는 점점 더 증가했고, 여름에는 하루에도 수십 번에 이르렀다. 나는 그 고통에서 어떻게든 도망치려고 약속을 잡았고(누군가와 무언가를 할 때는 '죽고 싶다'가 닥치는 빈도가 줄어든다), 할 일을 잔뜩 만들었다. 하지만 그 방법으로는 아주 짧은 시간만 넘길 수 있었다.

고통의 한계
―――――

8월 23일, 나는 아침에 간신히 일어나서 가족에게 밥을 차려주었다. 하는 김에 점심밥도 만들어 랩으로 싸두었다. 여름방학이라 아이들이 집에 있었다. 몸이 무겁고 고단해서 마치 온몸의 뼈가 빠져버린 듯했다. 나는 몸을 질질 끌듯이 움직였고, 중간중간 침대에 쓰러지듯이 누웠다.

그날은 오후에 줌으로 온라인 회의도 했다. 나는 10대부터 단카^{短歌}*를 썼고, 당시에는 한 달 뒤 접수 마감인 단카 신인상에 응모하려 작품을 정리하고 있었다. 그래서 내 작품에 조언해주십사 부탁드린 분과 한 시간 동안 줌으로 이야기를 나눴다. 그 외에는 그저 누워 있었다. '죽고 싶다'와 동반한 고통이 극심해 아무것도 할 수 없었고, 이따금씩 SNS에 한두 마디 힘들다는 글을 적었다.

저녁이 가까워지면서 더 이상 참을 수 없었다. 고통이 극심해 아무것도 생각할 수 없었다. 그래도 나는 저녁 준비를 하려고 했다. 왜 그런 날 그런 걸 만들려고 했는지는 모르겠다. 유부초밥을 만들려고 사둔 유부 열 장을 절반으로 자르고, 뜨거운 물을 살짝 부은 다음 육수와 미림과 간장으로 조렸다. 그리고 냄비에 뚜껑을 덮은 채 식혔다.

고통이 너무 강해서 자연스레 눈물이 고였다. 나는 SNS에 "울면서 밧줄을 가져왔다."라고 적었다. 아이에게 그네를 만들어줄 때 쓰고 남은 밧줄을 찬장에서 꺼내온 것이다. 의자 위에 올라서서 천장의 들보에 밧줄을 걸었다. 아마 걸었을 것이다. 그쯤부터 중간중간 끊긴 기억은 내 것이 아닌 듯 불확실하다. 기억 속에 남은 것은 몇 사람에게 메신저와 메일로 인사를 보낸 것, SNS에도 글을 올린 것, 노란 바탕에 검

---

* 일본 전통 시가의 한 형식. 5구 31음을 지키는 정형시로 오늘날에도 단카집이 베스트셀러가 되는 등 대중적으로 사랑받고 있다.

은 무늬가 있는 밧줄에서 공산품다운 지독한 냄새가 난 것, 목에 밧줄을 걸고 체중을 실으니 상상보다 훨씬 고통스러웠던 것 정도다.

기억의 그다음 장면은 글 첫머리에 나왔던 경찰관들에게 둘러싸인 상황이다.

질문, 또 질문

여기부터 기억이 드문드문 남아 있다. 경찰관이 이것저것 질문했던 것 같다. 병원에 다니고 있는지, 늘 다니는 병원이 있는지, 같은 질문을 몇 번이나 받았던 것 같다.

온 집 안을 열 명 정도의 경찰관들이 어슬렁대서 마치 우리 집이 아닌 것 같았다. 그중 한 경찰관이 "아직 더 물어야 할 게 있으니, 경찰서로 가시죠."라고 했다. 나는 지칠 대로 지친 데다 무척 혼란스러워서 '무슨 이야기를 더 듣겠다는 건가요?'라든지 '왜 경찰이 저한테 이야기를 듣고 싶은가요?'라든지 '슬슬 저녁 먹을 시간인데 경찰서에는 가고 싶지 않아요.'라고 말하지 못했다. 그런 말이 생각나지 않았다. 나는 힘없이 경찰을 따랐다.

경찰서에 가기 위해 짐을 꾸렸다. 그 사이에도 경찰관이 몇 사람이나 나를 따라다니며 에워쌌다. 일단 되는대로 눈에 띈 책을 가방에 넣었다. 지갑과 휴대전화, 손수건, 그리고 그때 생리 중이었기에 생리용품도 화장실에 가지러 가서 가방에 담았다. 그때도 내가 무얼 챙기는지 훔쳐보려는 듯이 경찰관이 옆에 섰다. 불쾌했지만 어쩔 도리가 없어 그냥 짐을 챙겼다.

사복 차림의 여성 경찰관이 다가왔다. "좀 떨어진 곳에 차가 있어요."라면서 내 옆에 바싹 붙어서 차로 데려갔다. 집에서 50미터 정도 떨어진 곳에 평범한 승용차가 있었다. 집 앞에는 경찰 오토바이가 되는대로 서 있었다. 차에 올라타서 경찰서로 갔다. 경찰서의 환기가 잘되지 않는 좁은 방으로 안내한 경찰은 철제 의자에 앉으라고 권했다. 나를 데려온 여성 경찰관이 두세 가지 질문을 했다. 전부 집에서 받은 질문과 비슷했다.

이걸로 끝인가 싶었지만 그렇지는 않았다. 물어볼 게 더 있다며 경찰서 출입구 옆의 긴 벤치에 앉아서 기다리라고 했다.

바깥이 조금씩 어두워졌고, 경찰서에서 일하는 사람도 점점 줄어들었다. 벤치에는 등받이도 없었고 비닐 같은 갈색 표면은 감촉이 나빴다. 땀에 젖은 피부가 벤치에 닿아서 찜찜했다. 나는 대체 무엇을 기다리는지도 모른 채, 언제까지 기다리면 되는지도 모른 채, 계속 앉아 있었다.

가방에서 책을 꺼내 펼쳤다. 휴대전화에는 메시지와 메일이 몇 통 와 있었다. 그중 무엇에도 답장할 기운이 없었다. 남편이 보낸 메시지도 있었다.

30대 초반 몇 차례 정신과에 입원했는데, 그때마다 오히려 상태가 나빠졌다. 나빠지는 상태에 비례하듯이 먹어야 하는 약이 늘어났다. 그리고 점점 상태가 나빠졌다. 그걸 보다 못한 남편이 약을 쓰지 않는 정신과 병원을 찾았고, 나는 그곳으로 옮겨 갔다. 그때부터 증상은 나아졌다. 입원에 대한 나쁜 기억 때문에 나는 옮겨 간 병원에서 입원하길 권해도 어떻게든 집에서 지내기를 선택했다.

남편의 메시지를 보고 경찰이 입원하길 권하고 있다는 사실을 알았다. 남편은 "입원은 안 할 테니까, 안심해."라고 메시지를 보냈다.

무엇을 기다리고, 어디로 가는가

 당직인 듯한 경찰관 몇 사람만이 안내 데스크 너머에 있었고, 나는 어두운 출입구 옆에서 하염없이 기다렸다.
 화장실에 가고 싶었다. 벤치에서 일어서자 컵라면을 소재로 잡담하던 경찰관의 표정이 갑자기 험악해졌다. "무슨 일이세요?"라고 날카롭게 물었다. 내가 "화장실에 가고 싶은데요."라고 하자 "기다리세요."라며 내 쪽으로 왔다. 말은 평범했지만, 목소리가 차갑고 표정이 없었다. 아아, 이 경찰관한테 지금 나는 사람이 아니구나. 화장실까지 같이 간 경찰은 화장실 문 앞에서 내가 볼일을 마치길 기다렸다. 그리고 다시 언제 끝날지 모르는 기다림의 시간이 이어졌다.
 나를 경찰서로 데려온 여성 경찰관이 몇 차례 찾아와서 다른 경찰관과 이야기를 했다. 나에 관한 이야기 같았다.
 "지자체에 연락했는데, 가족이 반대하고 있어. 아, 진짜. 아무튼 지자체에서 연락이 와야 해." 하는 말이 들렸다. 아무래도 얼른 지자체에 나를 넘기고 싶은 모양이었다. '지자체에?' 그게 무슨 뜻일까. 나는 당시 행정입원이라는 제도를 몰랐다.
 머지않아 알게 되었다. 행정입원*이란 '정신장애로 인해

자신을 다치게 하거나 타인에게 해를 끼칠 위험이 있는 경우, 당사자 및 가족의 의사와 상관없이 지자체장의 권한으로 이뤄지는 입원'이다.

나는 더 이상 몸을 가누기 힘들어서 벤치에 누웠다. 경찰이 빌려준 담요는 학창 시절 체육관의 매트 같은 악취가 나고 거칠거칠해서 닿기만 해도 꺼림칙했다.

꾸벅꾸벅 졸면서 자는 건지 깨어 있는 건지 모를 시간을 보냈다. 얼마나 시간이 흘렀는지도 알 수 없었는데, 한 경찰관이 와서는 "마중 왔으니 이동하겠습니다."라고 알렸다.

뭐가 어떻게 돌아가는지는 몰랐지만, 아무튼 경찰서에서 이동하는 건 좋았다. 남편과 메시지를 주고받으면서 경찰의 보호를 받은 이상 일단 병원으로 가야 한다는 것을 알게 되었다. 내가 다니는 병원은 마침 여름휴가 중이라서 야간 응급 환자를 담당하는 다른 병원으로 데려가리라 짐작했다. 거기서 형식적인 진료를 받고 약을 처방해주면 그걸 받은 다음 집에 돌아갈 수 있으리라 생각했다.

벌써 자정이 지난 시간이었다. 집에 두고 온 유부는 어떻게 되었을까. 밥을 안치지 않고 나왔는데 챙겨 먹었을까. 머릿속에 그런 생각이 스쳤다.

---

* 행정입원은 한국에서 사용하는 용어로 일본에서는 조치입원(措置入院)이라고 한다.

캄캄한 현관 앞에 몰개성적인 승합차가 서 있었다. 그 차에 올라탔다. 경찰관은 타지 않고, 운전석과 조수석에 한 사람씩, 2열에 두 사람, 맨 뒷줄 오른쪽 좌석에 나, 그리고 내 옆에 한 사람이 탔다. 이렇게 많은 사람이 이런 한밤중에 왜 필요한 걸까. 그 이유는 나만 모를 뿐, 이 사람들은 모두 알고 있을까. 모두 무표정했고 말도 거의 하지 않았다. 누구도 목적지를 설명해주지 않았다. 차창 밖은 칠흑처럼 어두워서 어디를 달리는지 전혀 알 수 없었다. 얼마나 달려야 도착하는지도 몰랐다. 누구도 가르쳐주지 않았다.

심야의 정신과 입원

승합차가 멈췄다. 병원 뒷문 같은 곳이었다. 떠밀리듯이 차에서 내리고 비상구로 병원에 들어가 어두침침한 복도를 이리저리 꺾으며 걸어갔다.

작은 방으로 안내를 받았다. 사무용 의자들이 하얀 탁자를 에워싸듯이 놓여 있었다. 나를 데려온 사람들에 더해 의사와 간호사가 네 명 정도 있었다. 남편도 있었다.

방 안의 새하얀 조명은 눈이 시릴 만큼 밝았다. 머리가 멍

했다. 누구도 입을 열지 않았다. 의사와 간호사는 평상시의 백의가 아니라 방호복 같은 옷에 이중으로 마스크를 쓰고 있었다. 반팔 반바지 차림에 마스크를 쓰고 있는 남편은 그들과 다른 인종으로 보일 정도였다.

의사인 듯한 젊은 여성이 내게 질문했다. 자살을 시도한 것이 맞는지, 지금도 죽고 싶은지 하는 질문이었다. 나는 "네." "아뇨."라고 짧게 답했다.

또 다른 남성이 질문했다. 질문 내용은 비슷했다. 나는 네, 아뇨, 네, 하고 대답했다. 이 질문들에 모두 답하면 집에 돌아갈 것이라 믿었다. 남편이 운전하는 자동차의 조수석에 앉아서.

아이들은 잠들었을까. 저녁은 어떻게 먹었을까. 정말이지 피곤했다. 눈물과 땀과 생리혈로 끈적끈적해진 몸을 빨리 씻고 싶었다.

벗겨내기

방호복을 입은 의사가 무언가 말한 것 같았다. 무슨 말인지 알아들을 수 없었다. 그건 말처럼 들리지 않았다. 내가 들으라고 말하는 것이 아니라 그저 통고하는 듯한 목소리였다.

정신 차리고 보니 나는 방호복을 입은 남성 간호사에게 이끌려 어두운 복도의 제일 안쪽 병실까지 가 있었다. 비교적 넓은 병실에 들어서자 오른쪽에 화장실 문이 보였다. 그 외에는 침대 하나. 선반도 탁자도 의자도 없이 화장실과 침대가 전부였다.

나는 앞서 있었던 작은 방에서 "저희가 맡겠습니다."라는 말을 들으며 가방과 오른 손목에 찬 스마트워치를 빼앗겼다. 내게는 티셔츠와 바지, 운동화가 전부였다.

"이걸로 갈아입으세요."라는 말과 함께 뻣뻣한 옷감에 칙칙한 하늘색 가느다란 줄무늬가 들어간 환자복을 건네받았다. 옷을 갈아입는 동안 간호사는 문 밖에서 기다렸다. 옷까지 갈아입으니 내 것은 속옷, 신발, 양말밖에 남지 않았다.

간호사는 "이걸 손목에 찰게요."라면서 하얗고 얇은 띠를 내 왼쪽 손목에 감았다. 내 이름과 생년월일, 처음 보는 숫자의 나열이 내 ID로 쓰여 있었다. 내 이름은 어째서인지 한자로 '齋藤 美衣^{사이토 미에}'라고 쓰여 있지 않고 가타카나로 'サイトウ ミエ'라는 발음이 쓰여 있었다.

그다음 간호사는 "신발 끈을 풀어주세요."라고 했다. 무슨 말인지 이해할 수 없었다. '뭐지? 끈을 풀라고?'라고 생각하는데, 뒤이어 간호사가 "끈처럼 생긴 건 위험해서 소지할 수 없습니다."라고 했다. "신발 끈을 풀고 어떻게 다녀요?"라고 내가 묻자 간호사는 "끈 대신 이걸 쓸 거예요."라며 하얀 케이블 타이를 보여주었다. 그때 신은 운동화의 끈이 좀 특이한 방식으로 묶여 있었기 때문에 끈을 풀면서 '사진을 찍어두지 않으면 나중에 다시 묶지 못할 텐데.'라고 생각했던 것이 기억난다. 하지만 당연하게도 그곳에는 스마트폰 같은 것이 없었기 때문에 잠자코 끈을 풀었다. 다행히 그 신발에는 고무 밴드가 달려 있어서 케이블 타이로 묶지 않아도 걷는 데 지장이 없었다.

남성 간호사는 컵과 알약 한 알을 가져와서는 "벌써 새벽 3시이니 일단 이걸 드시고 쉬세요."라고 말했다. 알약은 수면제인 모양이었다. 나는 평소에 수면제를 잘 수 없는 날만 복용했기 때문에 먹어야 할지 고민했지만, 괜찮다고 거절할 수 없을 것 같았다. 역시 잠자코 알약을 미지근한 물과 함께 삼켰다.

그는 "화장실에 가고 싶을 때는 간호사 호출 단추를 누르세요."라는 말을 남기고 병실에서 나갔다. 그가 나가자마자 바깥에서 찰칵하고 무신경하게 문을 잠그는 소리가 들렸다.

누구도 아무것도 설명해주지 않는 시간

속옷과 끈 없는 운동화와 나만이 병실에 남았다.

침대 매트리스에는 시트를 덧씌우지 않았고, 매트리스 위에 화학섬유로 만든 얇은 땀받이 매트 같은 것이 한 장 깔려 있었다. 베개에도 커버는 없었다. 덮는 것 역시 화학섬유로 된 얇은 여름용 이불만 있었다.

나는 감촉이 나쁜 것을 도저히 견디지 못해서 평소에 옷과 속옷을 고를 때 소재와 재봉 상태에 무척 신경 쓴다. 불편한 상태로는 평정심을 유지할 수 없고 정신이 이상해질 것 같기 때문이다. 뻣뻣한 환자복을 입고 몸이 끈적끈적한 채 화학섬유로 만든 이불을 덮고 커버도 없는 베개에 머리를 두어야 한다니 그보다 싫을 수 없었다.

그래도 어떻게든 잠들었던 것 같다. 그 뒤의 기억도 군데군데 남아 있지 않다.

어느새 실내가 밝았다. 간밤과 다른 간호사가 플라스틱 쟁반을 들고 왔다.

"아침밥이에요."라는 말에 침대에서 상반신을 일으켰다. 간호사는 바퀴 달린 식탁을 복도에서 침대 옆까지 밀었고 그 위에 쟁반을 올렸다. 쌀밥과 된장국, 삼치 한 토막, 지나치게 데쳐서 거무스름해진 시금치, 종이 팩에 든 우유가 제각각 플라스틱 접시에 놓여 있었다. 어제 점심부터 아무것도 입에 대지 않았지만 먹고 싶다는 마음이 들지 않았다.

간호사는 식탁 너머에 서서 젓가락을 들고 있는 나를 가만히 내려다보았다. 나는 달리 할 일도 없었기에 먹기 시작했다. 식사보다는 화장실에 다녀오고, 손을 씻고, 양치질을 하고, 샤워를 하고, 생리대를 바꾸고 싶었다. 하지만 그런 요구를 해도 되리라는 생각이 도저히 들지 않았다. 내가 무슨 이유로 여기에 있는 건지, 어떻게 하면 이곳에서 나갈 수 있는지, 누구도 설명해주지 않았다. 어떻게 하면 될지 전혀 알 수 없었다.

입안에 넣은 음식에서는 전부 죽은 듯한 맛이 났다. 모든 음식에 손만 조금 댄 다음 "잘 먹었습니다."라고 작게 말하며 젓가락을 내려놓았다. 간호사는 아주 잠시 기다렸다가 "다 드신 건가요?"라고 물었다. 내가 살짝 고개를 끄덕이자 간호사는 식탁을 밀고 병실에서 나갔다. 그가 나가는 것과 동시에 찰칵하며 자물쇠가 잠기는 소리가 났다. 그 소리는 문 너머에 길게 뻗어 있을 복도로 울려 퍼졌다.

재앙을 최소한으로 줄이려는 노력

지금이 몇 시쯤인지 알 수 없었다. 아침밥을 주었으니 대략 8시일까. 이제 내가 어떻게 되는지, 무엇이 나를 기다리는지 짐작도 할 수 없었다.

나는 다시 침대에 누웠다. 병실에는 아무것도 없었다. 침대의 발 쪽 벽에는 A4 용지가 한 장 붙어 있었다. 그 종이에는 "격리 안내"라는 제목과 함께 내 이름과 "2023년 8월 24일 오전 1시 38분부터 격리를 시행합니다."라는 글이 쓰여 있었다. 그 아래에는 의사의 이름과 서명.

시간은 완만하게 흘렀다. 아니, 흐르고 있는지 멈춰 있는지도 알 수 없었다. 나를 언제까지 이렇게 내버려둘지, 내가 언제 무슨 일을 당할지 하나도 몰랐다.

아까 간호사가 건네준 반투명 플라스틱 병에 담긴 상온의 물을 한 모금 마셨다. 화장실은 잠겨 있었는데, 화장실에 가고 싶으면 호출 단추를 눌러서 간호사를 불러야 했다. 나는 되도록 화장실에 가지 않기 위해 물을 최소한으로 마셨다.

침대에 누우면서 양손으로 천장을 가렸다. 천장에 달린 조명의 빛이 손가락 사이로 비쳤다. 손가락 사이를 점점 좁

히며 가늘어지는 빛을 보았다. 다시 손가락 사이를 벌리며 넓게 퍼지는 빛을 보았다. 그저 그걸 반복했다.

도저히 볼일을 참을 수 없으면, 그래도 복도가 조용한 때를 골라서 호출 단추를 눌렀다. 말투는 깍듯해도 간호사들 내면의 조바심이 분명히 느껴졌다. 나는 가능한 누구의 마음에도 파도가 일지 않도록, 더 이상 심한 일이 벌어지지 않도록 해야 했다. 호출 단추를 누르면 머리 위로 인정사정없이 목소리가 쏟아졌다.

"무슨 일이세요?" 정말이지 배려라고는 없는 스피커의 위치와 목소리라고 생각했다. 생각했지만, 나는 상대방에게 내 목소리가 예의 바르게 들리게끔 하는 것만 신경 썼다. "저기, 화장실에 가고 싶은데요." "기다리세요."

잠시 뒤 문을 두드리는 소리가 들렸다. 자물쇠가 열린 다음 간호사가 병실로 들어왔다. 생리대를 가는 것조차 부탁해야 할 수 있었기에 나는 무척 조심스럽게 생리대를 하나 가져다줄 수 있는지 물어보았다. 간호사는 내 바람을 들어주었고, 나는 생리대를 들고 화장실에 들어갈 수 있었다.

문에 자물쇠가 달린 화장실에는 세면대가 있어서 손을 씻을 수 있었다. 하지만 수건도 비누도 없었다. 어쩔 수 없이 물로만 손을 씻고 휴지로 물기를 닦은 다음 변기에 버렸다. 그 일들을 되도록 빠르고 조용히 했다. 간호사가 초조해하지 않도록, 수상하게 여기지 않도록.

그들이 아무리 겉으로는 전문적인 직업인의 표정을 지어도 조금씩 내면의 조바심이 새어나왔다. 내가 할 수 있는 일은 거의 없었다. 그래서 불필요한 일은 최대한 삼가고, 더는 상황이 악화되지 않도록, 가능하면 조금이라도 상황이 호전되도록 노력하는 수밖에 없었다.

노크의 의미

병실에 들어오는 사람은 자물쇠를 열기 전에 노크를 한다. 나는 침대에 누워서 노크라는 행위에 대해 생각했다.

정확히 말해 노크란 '제가 지금 거기 들어가고 싶은데 괜찮을까요?'라는 의미가 담긴 행위다. 노크에 대해 안에 있는 사람은 "네."라든지 "들어오세요."라고 말한다. 아니면 "조금 기다려주세요."라든지.

그렇지만 그 병원에서 의사와 간호사가 하는 노크에는 본래의 의미가 담겨 있지 않았다. 의사와 간호사는 언제나 노크를 한 다음 곧장 열쇠를 돌리고 문을 열었다. 그들은 몇 가지 정해진 절차 중 하나를 준수하려 노크하는 것에 불과했다. 그곳에서 나는 기약 없이 방치된, 그리고 언제든 무슨 짓을 당할 수 있는 존재였다.

의사가 병실에 들어왔다. 하얀 옷을 입고 하얀 마스크를 쓰고 안경을 걸친 사람이었다. 그의 주위에는 살짝 바람이 부는 것 같았고, 여기 오기 전에 그가 의무적으로 처리했던 수많은 일들이 보이는 듯했다. 의사는 빠르게 내게 몇 가지 물어보았다.

나는 그의 질문들에 정확히 답하고 싶었다. 하지만 나는 말을 시작하고 곧바로, 의사가 원하는 것은 내가 느끼는 바를 표현하는 말이 아님을 알았다. 지금까지 내게 수없이 들이닥친 '죽고 싶다'는 마음, 그것이 어떤 종류의 고통이며 경험이었는지 의사는 흥미가 없어 보였다. 그리고 내가 평소에 느끼는 이 세계가 어떤 곳이고, 그 속에서 계속 살아가는 것이 얼마나 어려운 일인지도 딱히 알고 싶지 않은 모양이었다. 그는 나의 진단명을 확정하고 싶어했고, 그러기 위한 정보를 원했다. 그래서 나는 상대방이 원하는 말로 답변을 바꿨다.

내 언어는 이곳에서 전혀 통하지 않아. 상대방의 언어로, 상대방의 문법대로, 상대방의 어휘의 범주 내에서 이야기해야 했다. 내 눈에는 그가 지닌 언어가 몹시 빈약하게 보였다. 그래도 내가 그에 맞춰 변환한 이야기에 그는 만족한 듯했다.

몸에 달라붙은 바람의 파편을 몇 개 남긴 채 다시 의사가 병실에서 나갔다. 매우 신속하게 자물쇠를 잠그고.

장대한 보드게임

벌레처럼 갇혀 있다는 사실로부터 의료진이 내 병세를 무척 위중하게 여기고 있음을 추측할 수 있었다. 그래서 의사도 간호사도 자주 병실에 와서 내 상태를 확인하고 증상의 변화를 살펴볼 것이라고 상상했다.

그렇지만 의사는 좀처럼 오지 않았다. 어쩌다 와도 처음처럼 많은 질문을 하지 않았다. 간호사는 매일 왔다. 하지만 혈압과 체온 등을 정해진 시간에 재러 오는 것이었고, 그 외에는 잠은 잤는지, 변은 제대로 봤는지 확인할 뿐이라는 걸 머지않아 알았다.

얌전히 있어도 상황은 전혀 변하지 않을 것 같았다. 이 불쾌한 상황을 어떡해야 조금이라도 호전시킬 수 있을까, 생각만 해도 정신이 아득해졌다. 왜냐하면 내게는 끈을 푼 운동화와 며칠 동안 입은 속옷밖에 없었으니까. 그때까지 아무 문제 없이 했던 일들이 어처구니없이 어려워졌다.

책을 읽고 싶었다. 속옷을 갈아입고 싶었다. 감촉이 나쁘지 않은 옷을 입고 싶었다. 바깥과 연락하고 싶었다. 샤워하고 싶었다. 얼굴을 씻고 화장수를 바르고 싶었다. 미끌미끌하지 않은 면 소재의 시트에 누워서 자고 싶었다. 제대로 된 밥을 먹고 싶었다. 걷고 싶었다. 화장실에 혼자 가고 싶었다. 그리고 내 방에 돌아가고 싶었다. 그 바람들 하나하나를 어떡해야 손에 넣을 수 있을까. 할 수 있을까. 마치 장대한 보드게임 같았다. 무엇을 언제 어떤 순서로 누구에게 말할까, 말하지 말까. 그걸 판단하는 데 나는 모든 신경을 기울였다.

가장 먼저 손에 넣어야 하는 것은 두말할 필요 없이 책이었다. 하지만 우리 집 책장에 꽂혀 있는 책을 지구의 어디에 있는지도 모르는 이 병실로 가져올 수 있을까.

마음먹고 되도록 간결하게 말했다.

"책을 읽어도 될까요?"

"선생님이 허락하셔야 합니다."

독서에 허가가 필요하다니! 그렇다면 혹시 책 내용도 검열하는 걸까.

"가족에게 책을 가져다달라고 하려면 어떻게 해야 하나요?"

"간호사가 댁에 전화해서 말씀드릴 겁니다."

재빨리 머리를 굴렸다. 딱 한 권. 가능한 오래 읽을 수 있고, 영혼이나마 이곳에서 탈출하게 해주는 책. 그리고 누구든 손쉽게 제목을 기억할 수 있어 전달하는 과정에서 착오가 일어나지 않는 책. 거기에 의료인의 심기를 건드리지 않는 책이어야 했다.

버지니아 울프는 안 되겠지. 단카집도 안 될 수 있어. 결국 나는 "『겐지 이야기源氏物語』*를 가져다달라고 전해주시겠어요?"라고 부탁했다.

내가 폐쇄병동에서 본 것
―――――――――――――――

나는 몇 차례 병실을 옮겼다. 1인실은 어느 방이나 모양새가 똑같았다. 병실에 따라 벽의 얼룩이 조금 다르고, 온도가 다를 뿐이었다.

---

* 11세기 초에 무라사키 시키부(紫 式部)가 쓴 장편소설.
당시 귀족 사회와 귀족의 생애를 담은 작품으로 일본에서 손꼽히는 문학 작품이다.

창밖에는 초록빛만이 가득했다. 여기는 대체 어느 숲속일까 궁금했다. 창밖으로는 걸어다니는 사람도, 오가는 자동차도, 다른 건물도 전혀 보이지 않았다.

내가 입원한 정신과의 폐쇄병동*은 중앙 병동에서 복도로 이어진 서㈜동이라 불리는 곳에 있었다. 가운데에 정원이 있고, 건물이 정원을 삼각형 모양으로 감싸는 형태였다. 3층 건물로 2층이 내가 지낸 폐쇄병동, 1층은 호스피스 병동, 3층은 인지저하증 병동이라고 베테랑 입원 환자가 가르쳐주었다.

아아, 우리는 이곳에서 이승에 반쯤 없는 존재로 치부되는구나. 내가 지낸 병동은 이승과 저승 사이에 있는 장소라는 생각이 들었다. 병동에서는 말라 죽기 직전인 화분이 놓인 정원과 사방을 둘러싸고 있는 나무들밖에 보이지 않았다. 단 한 사람의 외부인도, 자동차도 보이지 않았다.

보드게임의 우여곡절

두 번째로 옮긴 1인실에는 바늘 끝만 한 작은 날벌레가

---

* 한국에서는 폐쇄병동의 부정적인 느낌을 덜어내기 위해 보호병동, 안정병동이라고 바꿔 부르는 경우가 늘어나고 있다.

잔뜩 날아다녔다. 병실 창문은 열리지 않았고 벌레를 잡을 수 있는 물건도 없었다. 종이 한 장 없었고, 손으로 잡는다 해도 마음대로 화장실에서 손을 씻을 수 없었다. 찜찜하기 그지없었지만, 아무 말도 할 수 없었다. 벌레가 있다고 하면 내가 환각을 본다고 생각할까 걱정되었다. 그리고 그런 위험성을 감수하며 말해봤자 그들이 벌레를 잡아줄 것 같지는 않았다. 그래서 그저 잠자코 불쾌함의 파도에 마음이 휩쓸리지 않도록 주의하면서 지내는 수밖에 없었다.

하루하루 지나면서 조금씩 할 수 있는 일들이 늘어났다.

정해진 시간에 자물쇠가 열렸고, 병실에서 나갈 수 있게 되었다. 물론 폐쇄병동이었기 때문에 병실 밖이라 해도 외출 범위는 병동 내부로 한정되었다.

책도 읽을 수 있게 되었다. 항상 잠겨 있던 화장실 자물쇠도 열어주었다. 샤워도 일주일에 두 번, 세 번, 나아가 매일 할 수 있게 되었다. 공중전화로 집에 전화를 걸 수도 있었다. 병실도 다인실로 옮겼다.

병동에는 세 종류의 병실이 있었다. 보호실, 1인실, 다인실. 입원 환자들은 보호실에 관해 이야기할 때 목소리를 낮추고 속삭였다. 간호사실 옆의 묵직해 보이는 금속제 문을 열고 들어가면 보호실이 네 개 정도 있다고 했다. 침대와 휜히 노출된 변기만 있는 병실.

나는 처음에 1인실에서 지냈고, 나중에 다인실로 옮겼다. 다인실은 환자 네 명이 함께 쓰며, 침대 주위에 경계선 역할을 하는 분홍색 커튼이 달려 있었다. 병실 문은 항상 열려 있고, 커튼 속은 무척 비좁았다. 침대 외에 서랍장과 바퀴 달린 탁자가 있어서 그것들만으로도 꽉 찼다.

어느 날, "슬슬 다인실로 옮겨도 될까요?"라는 질문을 받았다. 나는 변화에 몹시 취약하다. 계속 1인실에서 지냈는데 어떤 사람이 있는지도 모를 다인실로 옮기라니, 불안하기 그지없었다. 하지만 내가 하는 건 일종의 커다란 보드게임이었다. 나는 그 질문이 실은 질문이 아니라 확인이라는 것을 알았다. 그래서 "네."라고만 답했다.

머나먼 퇴원

불가사의하게도 입원한 뒤로는 '죽고 싶다'가 전혀 닥쳐오지 않았다.

의사는 지금까지 다녔던 병원에서 내린 진단명과 다른 '양극성 장애'라는 병명을 내게 붙였다. 그리고 그 병을 위한 약을 처방했다. 의사도 간호사도 내게 "자극이 없는 환경에서 쉬세요."라고 했다. 당시 내가 경험한 일들은 전부 다 난생처음 겪는 것들이었기 때문에 나는 고분고분하게 의료진의 말을 받아들였다. 병명이 바뀌고 약이 바뀐 뒤로 '죽고 싶다'가 닥쳐오지 않으니, 그들이 새롭게 붙인 진단명대로 내 문제는 양극성 장애였던 것이라고 납득했다.

내 상태는 안정되었다. 입원한 뒤로 점점 안정된 것이 아니라 처음 입원했을 때부터 안정되었던 것 같다. '죽고 싶다'고 말하거나 생각하지 않았고, 난동을 부리지도, 무언가를 막무가내로 요구하지도 않았다. 그럼에도 좀처럼 퇴원이라는 말이 들리지 않았다.

일주일이 지나고, 이주일이 지나고, 9월 중순이 되었다. 입원 전에 준비하던 단카 신인상의 마감일이 다가오고 있었다. 나는 적당한 타이밍을 살피다 의사에게 퇴원에 관해 물어보았다. 안 된다고 단언하지는 않았지만, 퇴원할 수 있다고도 말하지 않았다. 결국 나는 신인상 마감일에도 병원에 있었고 응모하지 못했다.

'수치'라는 감정

　병원에는 다양한 사람들이 있었다. 정신과 폐쇄병동이라는 말을 들으면 흔히 어떤 광경을 떠올릴까.

　뚜렷하지 않은 멍한 눈빛으로 비틀거리며 걷는 사람일까, 느닷없이 뜻 모를 말을 외치는 사람일까. 이른바 정신과 입원 환자의 스테레오타입이라 할 만한 사람들을 나는 입원한 동안 별로 보지 못했다. 똑같은 환자복을 입고 복도를 걷는 사람, '홀'이라 불리는 공유 공간에서 텔레비전을 보는 사람, 카드놀이를 하는 사람, 수다를 떠는 사람. 눈에 띄는 사람들은 보통 그런 모습이었다.

　그 병동에서 나는 두 가지에 충격을 받았다.

　첫 번째는 입퇴원을 그야말로 수없이 반복하여 입원 생활이 아예 일상이 된 환자가 많다는 것. 그들은 오랜 세월 입원과 퇴원을 거듭하면서 조금씩 많은 것들을 잃어버린다. 일자리, 친구, 가족, 소득, 거처 등. 기초생활보장 수급자도 많았다. 그들의 일원이 된 나의 말로를 보는 듯해서, 그 길에서 벗어나기가 몹시 어려워 보여서, 절망적인 기분에 빠졌다.

　그에 더해 내가 그곳에서 느낀 것은 '수치'라는 감정이었다. 이곳에 이렇게 존재하는 나라는 존재가 수치스러웠다. 그때까지 다녔던 정신과 병원에 다시 다닐 수 없을 것 같았다. 그 병원의 깨끗하고 쾌적한 대합실과 진료실은 폐쇄병동에 있는 내게 상상 속의 낙원으로 여겨졌다. 그때까지 나와 인연이 있었던 사람들과 다시 만날 수 없을 것 같았다. 그들과 나는 다른 인종이라는 생각이 들었다.

저널리스트 카롤린 엠케Carolin Emcke는 저서에 다음처럼 적었다.

> 자기 자신을 아직 인간이라고 정의해도 될지 의심하는 사람, 인간이 아닌 '물건'으로 멸시당한 사람—그들이 말을 잃은 것은 그저 공포 때문이 아니다. 수치 때문이기도 하다. 여기서 수치란 도덕적으로 문제 있는 자신의 행위를 못 견뎌서 느끼는 수치, 즉 죄의식의 쌍둥이 동생 같은 수치가 아니다. 그들의 수치는 자신이 놓인 끔찍한 상황을 더는 견딜 수 없기에 느끼는 수치, 즉 훼손된 존엄의 쌍둥이 동생 같은 수치다. 타인의 시선 혹은 평가에 속수무책으로 노출된 것을 수치라고 느낀다면, 물건처럼 멸시당한 굴욕적

인 경험을 이야기하는 것은 타인의 시선 속에서 자기 자신이 다시금 굴욕적이게도 '물건'이 되는 것을 지켜본다는 의미인 것이다.*

몸은 살아라. 단, 마음은 꿈쩍하지 않고
―――――――――――――――――――――

 살아 있다는 것은 무엇을 가리킬까.

 입원하고 얼마 지나지 않았을 때, 한 간호사가 내 혈압을 재면서 "사이토 씨가 죽지 않아서 정말 다행이에요."라고 말했다. 그 말이 무척 인상 깊었다. 그 간호사가 어째서 내가 살아 있다는 사실에 그토록 기뻐하는지, 나는 전혀 이해하지 못했다. 거의 전혀 모르는 그 사람이 내가 살아 있음에 기뻐하는 이유를 알 수 없었다. 지금도 모른다.

 그 병동에서 살아 있었던 나는 호흡을 하고, 밥을 먹고, 잠을 자고, 조용히 지냈다. 하지만 그뿐이었다. 병동에서는 매일매일 같은 일들만 반복하는 몸이 곧 나였다. 내가 무엇을 상상하고, 무엇을 생각하고, 무엇을 느끼는지는 그곳에서 하나도 중요하지 않았다.

---

* カロリン・エムケ(著), 浅井 晶子(譯), 『なぜならそれは言葉にできるから』みすず書房 2019, p.56. (원서: Carolin Emcke, *Weil es sagbar ist*, S. Fischer Verlag 2013.)

입원 중에 충격을 받았던 또 다른 사실은 그곳에 문화적인 것도 아름다운 것도 전혀 없었다는 점이다. 그리고 누구도 문화적이고 아름다운 것들의 가치를 살펴보지 않았다.

그런 사실을 상징하는 물건이 하나 있었다. 바로 크리스천 래슨Christian Lassen*의 그림이 인쇄된 달력이다.

처음으로 1인실 문을 한 시간 동안 열어줘서 복도를 걸었을 때, 간호사실 앞의 공유 공간에 걸려 있는 달력이 눈에 띄었다. 그 달력에는 돌고래 두 마리가 그려진 래슨의 작품이 인쇄되어 있었다. 래슨의 그림! 나는 깜짝 놀라서 절로 주위를 둘러보았다. 어째서 굳이 정신과 폐쇄병동에 래슨의 그림 같은 걸 걸어두었을까. 그리고 절망했다. 그 달력은 너희는 여기서 래슨이나 보라고 하는 듯한 고압적인 통보, 혹은 악질적인 농담, 아니면 짓궂은 놀림으로만 여겨졌다.

그렇지만 그런 걸 신경 쓰는 사람은 나밖에 없는지, 바로 옆에서는 남자들이 카드놀이를 즐기고 있었다. 누구도 달력에 눈길을 주지 않았다. 나는 그 후로 달력 근처를 지나갈 때 되도록 그림을 보지 않으려고 했다. 내가 처한 현실을 견딜 수 없을 것 같았다.

* 미국의 화가. 바닷속 풍경과 바다 생물을 주요 소재 삼아 환상적인 분위기의 작품을 그렸고, 작품성과 무관하게 화려한 화풍이 경제 호황기의 일본에서 특히 많은 인기를 얻었다.

나에게 래슨의 그림은, 반짝반짝 빛나는 동물들이 그려진 그 그림은, 일종의 사고정지를 연상케 했다. 사고정지를 뜻하는 그 그림이 걸린 병동에서는 무엇보다 '살아 있는 몸'이 중요하다. 그 그림을 보면 살아 있는 몸이라는 목표 외에 거의 모든 것이 하찮게 치부되어버리는 현실이 어쩔 수 없이 떠올라서 나는 외면할 수밖에 없었다.

도대체 나는 무엇에 기쁨을 느끼면 될까? 살아 있다는 사실 자체에? 쉬면서 치료받는다는 사실 자체에? 그때 내 몸은 그 병동에 있었지만, 마음은 기능하지 않았던 것 같다. 나는 그곳에서 마음을 움직이는 것을 거의 만나지 못했다. 그리고 마음이 움직여버리면 그 공간을, 내가 지금 여기 존재한다는 사실을 도저히 견딜 수 없었다. 마음이 움직이지 않는다는 것은 반쯤 죽어 있다는 뜻이다. 그렇기에 그 병동에서는 '죽고 싶다'는 감정조차 들지 않았던 것이다.

환자는 그저 기다릴 뿐

병동의 일과는 그저 기다림으로 구성되어 있었다.

우선, 아침에 눈뜨면 8시의 아침밥을 기다린다. 간호사실 옆에 게시된 식단표를 보러 간다. 이미 이번 주 식단 전체를 외우고 있지만, 그래도 한 번 더 보러 간다. 그리고 정수기에서 하루치 물을 받는다. 그런 일들에는 겨우 3분 정도 걸릴 뿐이라 다시 하염없이 기다린다. 그러다 보면 드디어 아침밥이 온다. 아침 식사를 마친 다음에는 샤워실 문에 예약표가 걸리는 걸 기다린다.

샤워실에는 작은 칸막이가 있어 한 번에 두 명이 들어갈 수 있었고, 30분씩 교대로 사용했다. 남녀 샤워실이 별도로 있지 않았기 때문에 한 칸을 누군가 먼저 예약하면 같은 시간대의 나머지 한 칸에는 같은 성별의 사람만 예약을 걸 수 있었다. 아침 일찍 씻는 사람, 오후 일찍 씻는 사람, 잠들기 직전에 씻는 사람 등 취향이 제각각 달랐기 때문에 자기가 좋아하는 시간대를 예약하기 위해 줄을 섰다.

샤워실은 오전 8시쯤 청소를 하고, 청소가 끝나면 문에 예약표가 그려진 화이트보드가 걸린다. 사람들은 되도록 빨리 원하는 시간대를 예약하기 위해 아침밥을 먹자마자 줄을 선다. 오래 기다릴 때는 30분 정도 서 있기도 했다. 어처구니없지만 그날 하루가 얼마나 쾌적할지 좌우되는 일이라서 모두 진지하다. 때로는 샤워 순서 때문에 다툼이 벌어지기도 했다.

그다음에는 9시쯤 이뤄지는 환자복과 타월 배포를 기다린다. 환자복과 타월이 수납된 선반에는 자물쇠가 걸려 있어서 마음대로 가져갈 수 없다. 그 물품들을 배포하는 것은 도우미라 불리는 사람들로 담당자에 따라 그날그날 배포 방식과 수량이 달라졌다. 오늘은 누가 배포할지 아침부터 상황을 살피면서 어떻게 말할지, 언제 줄을 서면 좋을지 머리를 굴린다. 어쩌다가 환자복과 타월이 겹쳐서 하나 더 받을 때가 있는데, 그런 날은 남은 것을 침대 옆 서랍장 안쪽에 몰래 숨겨둔다. 무언가 엎지르거나 생리 중 흘린 피로 옷이 더러워졌을 때 여벌이 있으면 무척 안심되었다.

그 뒤에는 점심시간을 기다린다. 일과 중 담당 간호사가 체온과 혈압을 재러 병실에 오는, 언제일지 모를 그 짧은 시간을 기다린다. 예약해둔 샤워 시간을 기다린다. 저녁 식사를 기다린다. 잠 못 잘 수도 있는 기나긴 밤을 기다린다. 병동에서 내 모든 시간은 기다림으로 구성되었다.

오지 않는 주치의

환자는 매일매일 주치의를 기다렸다.

환자끼리 나누는 대화의 주제는 한정적이었다. 그중 세 손가락에 꼽을 만큼 자주 이야기하는 주제가 바로 '주치의가 며칠마다 오는가. 최근에 만난 건 언제인가.' 하는 것이었다. 의사는 아무튼 바빠 보였다. 절대로 매일 얼굴을 볼 수는 없었고, 간호사실에 있는 게 얼핏 보여도 내 병실까지 와주지 않을 때가 많았다. 주치의는 사나흘에 한 번 만났다.

처방 내용 변경, 퇴원 상담, 입원 형태 변경, 온갖 제한 사항에 관한 허가 등 환자의 신변과 관련한 거의 모든 일들을 진행하는 데 의사가 반드시 필요했다. 그럼에도 의사가 코빼기도 내밀지 않는다는 한탄이 입원 환자들 사이에서 매일매일 오갔다.

게다가 의사는 그냥 오지 않는 것만이 아니었다. 의사는 '언제 올지도 알 수 없었다'.

어느 날, 아침 일찍 주치의가 갑자기 병실로 나를 찾아왔다. 7시쯤으로 나는 아직 자고 있었는데, "사이토 씨, 잠깐 괜찮으세요?"라고는 잠시도 기다리지 않고 분홍색 커튼을 확 걷었다. 나는 허둥대며 상반신을 일으켰는데, 나중에 "표정이 딱딱했다."라고 말하기에 몹시 언짢았다. '딱딱한 표정'은 내 정신 상태를 가늠하는 데 부정적인 영향을 주는 요소로 그런 평가가 잠에서 깨는 도중에 느닷없이 이뤄졌다는 점에서 좀 과장하면 일종의 폭력성을 느꼈다.

그건 '5년'짜리 입원이었다

내가 진단받은 양극성 장애는 흥분과 우울이 번갈아 나타나는 병이다.

나는 정상이다. 이제 퇴원할 수 있다. 입원한 순간부터 계속 그렇게 말하고 싶었지만, 지나치게 주장했다가 일종의 흥분 상태(조증)로 여겨지지 않을까 하는 염려가 들었다. 의료인들로부터 그런 평가를 받아 내가 하는 보드게임에서 뒤로 가는 벌칙을 받지 않도록 신경을 잔뜩 곤두세웠다. 나는 무엇보다도 병동에 존재하는 갖가지 불쾌한 것들 및 상태에서 멀어지고 싶었고, 자유를 되찾고 싶었고, 그리고 글을 읽고 싶었다.

책을 읽어도 된다는 허락을 받은 뒤로 많은 책을 집에서 받았다. 사전처럼 두꺼운 모리오카 사다카森岡 貞香의 단카 전집을 입원 중에 전부 읽었다. 책이 아니라 둔기라고 불리는 로베르토 볼라뇨의 『2666』도 읽었다. 나지브 마흐푸

즈도, 마거릿 애트우드도, 한강도, 『겐지 이야기』도 읽었다. 하지만 입원이 길어질수록 책에 쓰인 문장이 머리에 들어오지 않는 것 같았다.

항상 누군가의 말소리나 기척이 느껴지는 장소에서 아침부터 밤까지 줄곧 신경을 곤두세우고 지내면서 한순간도 혼자 있을 수 없었다. 아무리 붙잡으려 해도 책 속 문장은 손안에서 스르륵 빠져나가 내게서 멀리 떨어진 곳으로 가버렸다. 문장을 건드릴 수도 없으니, 쓰기는 더더욱 어려울 것 같았다.

내가 앞으로 글을 쓸 수는 있을지 공포를 느꼈다. 오랫동안 단카를 써왔고 서평과 사회 시평을 쓸 기회도 늘어나고 있었지만, 도저히 다시 무언가를 쓸 수 있을 것 같지 않았다. 약 설명서 뒷면에 어떻게든 단카를 쥐어짜보았지만, 그저 단어들의 공허한 나열로만 보였다.

퇴원하는 그날까지, 나는 신경을 소모시키면서 그 보드게임을 헤쳐나갔다. 정확히 말하면 49일 동안의 일이었다. 49일! 나는 그 일들을 이 세상 시간으로 49일이라고 도저히 말 못 하겠다. 내 체감으로 그 시간은 5년, 1826일이었다.

무엇이 사람을 죽이는가

　나는 지금, 살아 있다. 살아서 다행이라고 생각한다.

　그렇지만 내가 정신과 폐쇄병동에서 겪은 일들을 내 생존을 이유로 '어쨌든 결과는 좋았다.'라고, '힘들었을지 모르지만 어쩔 수 없는 일이었다.'라고 정리하는 것에는 결단코 반대하고 싶다.

　나는 죽지 않았지만, 1826일 동안의 경험 속에서 몇 번이나 영혼이 살해당했다고 생각한다. 그리고 그 영혼의 살인에는 살인자가 없었다.

　간호사와 의사 등 의료인들이 부적절한 언동을 한 적은 없었다. 매우 불행한 일이다. 왜냐하면, 내가 규탄하거나 원망할 사람이 없다는 뜻이기 때문이다. 앞서 적은 내 이야기에는 '악역'이 단 한 사람도 등장하지 않는다. 그 때문에 소리 내어 "상처 받았다."라고 말하기가 몹시 어려워졌다. 나는 내가 입은 상처에서 회복할 수 없게 되었다. 누가 내게 상처를 입혔을까. 누가 내 마음을 죽였을까.

　손목에 감긴 하얀 밴드에 무미건조하게 쓰인 '사이토 미에'라는 글씨. 신발 끈을 빼앗긴 일. 경찰서의 갈색 벤치. 뻣뻣한 환자복. 래슨의 그림이 인쇄된 달력.

내게는 그것들을 강한 말로 이야기할 재주가 없다. 보잘것없는 사건 하나하나. 사소한 일. 그런 것들의 축적이 내가 이야기하는 경험의 전부다.

살아 있다는 건 무엇인가

내가 이 글을 쓰고 있는 현재, 퇴원하고 석 달 남짓이 지났다. 첫 한 달은 정말이지 두려웠다. 일상에서 하는 행위 하나하나가 전부 불안했다. 환자복을 입지 않은 사람을 보는 것. 달리는 자동차를 보는 것. 요리하는 것. 사람과 대화하는 것. 무언가 글을 쓰려 하는 것. 음악을 듣는 것. SNS를 보는 것.

대체 뭘 그렇게 무서워했을까 지금 다시 생각해보면 '마음이 움직이고 마는 것'이었다. '마음이 움직이면' 나는 다시 죽고 싶어할 테니까. 세상에는 병원에서 죽어 있었던 내 마음을 다시 움직이는 것들이 넘쳐흘렀다. 마음이 움직여버리면 나는 다시 죽고 싶어져서 그곳에 또 갇히지 않을까. 그런 공포심이 있었다.

장에 갇힌 벌레처럼 사방이 막힌 공간에서 식사와 수면만 반복한 것은 내게서 죽고 싶다는 마음을 없앴다. 왜냐하면 그 상태 자체가 이미 '죽어 있는 셈'이었으니까. 사람이 마음을 움직이는 일 없이, 인간이 아니라 '다루기 쉬운 사물'로 여겨지는 것은 '살아 있는 것'이 아니라고 나는 생각한다.

퇴원 직후에는 입원했던 대학병원에 통원했지만, 퇴원하고 두 달 뒤에는 내가 원래 다녔던 병원에 돌아갔다. 그제야 돌아가도 괜찮다고 생각할 수 있었던 것이다.

"죽고 싶다는 마음이 사라지지는 않을 겁니다."

원래 다니던 병원의 의사가 내게 말했다. 지금도 하루에 스무 번 넘게 '죽고 싶다'는 발작에 시달릴 때가 있다. 그건 내 내면에서 치밀어오르는 것이 아니라 급작스레 외부로부터 들이닥쳐서 나를 찌른다. 극심한 고통이 일어난다.

죽고 싶다는 마음을 품고 있지만, 그럼에도 나는 지금 아름다운 것을 보며 마음이 움직이기도 하고, 사람과 만나 대화하면서 서로의 마음이 맞닿았다고 느끼기도 한다. 마음이 움직이기 때문에 '죽고 싶다'도, '살아 있다'도, 전부 맛볼 수 있다. 그리고 이렇게 글도 쓸 수 있다.

살아 있다는 건 무엇일까? 이 글을 읽는 당신께 살아 있다는 건 무엇일까? 나는 당신과 그런 이야기를 나누고 싶다.

# 2

급성 골수성 백혈병의 일상

열네 살의 봄을 똑똑히 기억하고 있다.

열세 살도, 스무 살도, 서른다섯 살도 전혀 기억나지 않지만, 열네 살의 봄만은 생생하게 떠올릴 수 있다. 바깥 공기가 얼마나 따뜻하게 볼을 어루만졌는지, 어제 일처럼 기억난다.

열네 살의 봄, 나는 급성 골수성 백혈병 진단을 받고 입원했다. 열다섯 살의 봄까지 꼬박 1년 동안 병원에서 지냈다. 그 1년으로 내 인생은 완전히 달라졌다.

그 봄날 나는

돌이켜보면 중학교 2학년의 2월부터 몸 상태에 변화가 일어났다.

학교 행사로 2박 3일의 스키 여행을 떠난 첫날 밤, 나는 고열에 시달렸다. 고열은 며칠 만에 가라앉았지만, 그 뒤로 3월이 되고 4월이 되어도 37도를 넘는 열이 계속되었다. 그리고 얼마 지나지 않아 툭하면 출혈이 일어났다. 살짝만 베여도 상처에서 피가 조금씩 새어 나왔는데, 아무리 휴지로 꾹 눌러도 멈추지 않았다.

어느 날 목욕을 마치고 내 몸을 보았다가 흠칫했다. 무릎 아래로 붉은 점이 셀 수 없을 만큼 빽빽했다. 볼펜으로 찍은 듯한 작은 반점들이 무릎부터 발끝까지 가득했던 것이다. 아프지도 가렵지도 않았지만, 무릎 아래를 뒤덮은 붉은 반점들은 보기만 해도 섬뜩했다.

그 반점은 며칠 만에 사라졌다. 다행이다, 잘못 봤던 거야, 하고 안심하면 다시 반점이 나타났다. 그런 일들이 반복되었다. 그리고 몸이 몹시 나른해서 대낮에도 침대에 누워 있는 날이 늘어났다. 나 자신도 몸 상태가 정말 나쁜 건지, 아니면 그냥 의욕 상실인지 알 수 없었다.

봄방학이 끝나고 중학교 3학년이 되었다. 고교 입시 수험생이라는 말을 들으니 마음이 무거웠다. 내가 수험생 같은 게 될 수 있을까 어렴풋이 불안해했다. 그 때문에 대낮부터 침대에서 빈둥대는 것을 나 자신도 가족도 사춘기 특유의 주체 못 할 졸음과 의욕 문제라고 여겼다.

그렇지만 머지않아 "안색이 안 좋다."라는 말을 듣는 일이 늘어났고, 무릎 아래의 반점도 더 이상 사라지지 않았다. 좀 이상하다 싶었던 어머니는 4월의 어느 날 나를 동네 병원이 아니라 좀더 큰 병원에 데려갔다.

당일 입원

숨이 턱 막힐 만큼 따뜻한 날이었다. 벚꽃은 이미 졌지만, 병원의 정원에는 색색이 꽃들이 피어 있었다.

아침 일찍 접수를 하고 진료를 받은 다음 피 검사를 했다. 검사 결과가 나오는 데 시간이 걸린다고 해서 점심을 먹으러 병원 밖의 우동집에 어머니와 함께 갔다. 나는 고기우동을 주문했는데, 고명으로 올라간 고기가 맛있었던 것이 기억난다. 하지만 그 무렵에는 식욕도 별로 없어서 나는 우동 한 그릇을 다 먹지 못했다.

오후에 검사 결과가 나왔다. 의사도 간호사도 오전과는 태도가 달랐다. 그들은 좀 허둥대는 느낌이었다. 의사가 차례차례 간호사에게 지시 사항을 전달했다. 간호사는 눈 깜짝할 사이에 내 손에 점적주사의 바늘을 찔렀고, 나를 침대에 눕혔다. 나는 그대로 입원하게 되었다. 아침에 집을 나설 때만 해도 오후에는 돌아올 줄 알았는데, 나는 몇 달 동안 집에 돌아가지 못했다.

이튿날, 나는 구급차를 타고 그 지역에서 가장 큰 대학병원의 소아과 병동으로 옮겨갔다. 혈액 상태가 몹시 안 좋은데, 혈소판도 적혈구도 정상의 10퍼센트 수준이라고 했다.

출혈을 멈추는 혈소판이 너무 적어서 뇌의 혈관에서 조금이라도 출혈이 일어나면 대출혈로 번져 죽음에 이를 가능성이 있다는 설명을 들었다. 출혈을 방지하기 위해서 그날부터 두 달 동안 그야말로 누워서만 지냈다. 머리를 베개에서 떼서도 안 되었다. 당연히 몸을 일으킬 수도 없었다. 나는 누운 채로 어머니가 먹여주는 밥을 먹었고 침상용 변기에 볼일을 보았다.

누워서 천장을 보며 꼼짝도 안 하는 생활은 괴로웠다. 여전히 열도 계속 있었기 때문에 그 무렵의 기억은 별로 선명하지 않다. 그나마 기억나는 것이라면 누운 상태로 배변을 볼 때 힘을 잘 줄 수 없어서 고생했던 것, 병원식의 반찬을 보고 '벌써 이게 나올 계절이 되었구나.'라고 생각했던 것이다.

수업 진도는 얼마나 나갔을까 신경 쓰였다. 며칠, 길어도 몇 주 지나면 퇴원하리라 생각했기 때문에 점점 수업 진도에서 뒤처지는 게 불안했다.

"빈혈을 고치는 약."

　며칠마다 수혈을 받았다. 성분수혈이었는데, 나는 혈소판과 적혈구를 번갈아 받았다. 비닐 용기에 담긴 혈소판은 주황색이 조금 섞인 노란색, 적혈구는 어두운 빨간색이었다. 혈소판을 수혈받을 때는 혈관에 통증이 느껴졌다. 쿡쿡 찌르는 듯한 통증을 느끼면서 천천히 떨어지는 혈소판 방울을 올려다보았다.

　나는 대체 무슨 일이 벌어지는지 전혀 모르는 채 순식간에 환자가 되었다. 빈혈 상태가 되는 병에 걸렸다고 들었다. 빈혈이라면 치료가 그리 어렵지 않을 것이라고 짐작했다. 입원해서 이렇게나 수혈을 받고 치료도 하고 있으니, 금방 나을 것이라고 믿었다.

　혈액 상태가 어느 정도 좋아지자 드디어 본격적인 치료가 시작되었다. 당시에는 "빈혈을 고치는 약"이라는 설명밖에 듣지 못했지만, 항암제 치료가 시작된 것이었다. 대체로 치료는 4주 간격으로 진행되었는데, 첫 주에 항암제를 투여했다. 그 일주일 동안에는 부작용인 구토로 고생했다.

　'농반膿盤'이라고 불리는 콩팥 모양의 스테인리스 그릇을 끌어안고 끝없이 토했다. 하룻밤에 열네 차례 토한 적도 있었다. 위 속에 더 이상 음식물이 없어서 노란 위액까지 전부 토하면, 그다음에는 쓰디쓴 초록색 액체가 조금 나왔다. 너무 토한 탓에 뱃속의 내장이 거꾸로 뒤집혀서 입으로 튀어나올 것 같았다. 메스꺼움을 다스리는 약도 있었지만, 그 약은 불쾌한 졸음을 유발해서 그리 좋아하지 않았다. 하지만 나는 둘 중 하나를 선택해야 했다. 계속 토하든지, 불쾌하게 잠들든지. 대부분 잠드는 쪽을 선택하게 되었다.

항암제 투여가 끝나면 메스꺼움이 가라앉았다. 그렇다고 편안해졌다는 말은 아니다. 항암제는 정상적인 조혈모세포도, 이상한 조혈모세포도 전부 해치워버리기 때문에 몸속이 몹시 무방비해진다. 그래서 툭하면 고열이 난다.

몸을 지키는 기능이 사라진 상태에서 일어나는 발열은 무시무시했다. 41.5도까지 치솟은 적도 있었다. 그때는 온몸이 경련했다. 내 몸인데도 전혀 제어할 수 없었다. 경련을 하고, 마치 발작하듯이 허리가 뒤로 꺾였다. 모든 근육에 평소의 몇 배나 힘이 들어갔고, 점적주사의 관으로 혈액이 역류했다. 역류한 피는 수혈용 혈액이 담긴 용기까지 거슬러 올라갔다.

간신히 열이 내려서 좀 살 만하다 싶으면 바로 다음 항암제 치료가 시작되었다.

그러는 사이에도 부작용으로 머리카락이 계속 빠졌다. 베개를 볼 때마다 하얀 베갯잇이 검게 물든 건가 착각할 만큼 머리카락이 빠져 있어 보기가 무서웠다. 간호사는 "또 날 거야."라고 위로했지만, 정말로 다시 날까 걱정되었다. 거울을 보기가 두려웠다. 털이 절반만 남은 머리가 내 것 같지 않았다. 남아 있는 머리카락도 살짝 힘주고 당겼을 뿐인데 아무런 저항 없이 한 움큼씩 빠졌다. 머지않아 내 머리에 원래 있었던 머리카락은 전부 빠져버렸다. 그러다 다시 머리카락이 나기 시작했다. 새로 난 머리카락은 초봄의 잔디처럼 부드럽고 연약했다. 치료와 치료 사이에 1센티미터, 또 1센티미터 자라며 점점 길어질 것을 기대해도, 다음 치료가 시작되면 금세 다시 빠졌다.

어머니가 가발을 사 왔다. 백화점에서 고른 것이라고 했다. 비쌀 게 분명했기에 가격은 묻지 않았다.

입원실의 내 맞은편 침대에는 당시 중학교 1학년이었던 여자아이가 있었는데 나처럼 약 부작용으로 탈모를 겪고 있었다. 그 아이에게는 주문 제작한 가발이 있었다. 사람의 머리털로 만든 것이었고, 샴푸를 써서 머리를 감을 수 있는데다 미용실에서 자를 수도 있다고 했다. 그 가발을 머리에 쓰면 인조털로 만든 것보다 훨씬 자연스러웠고 예뻤다. 나는 '좋겠다. 부러워.'라고 생각하고 말았다. 그런 생각을 한 스스로가 부끄러웠다. 내가 입원해서 틀림없이 큰돈이 들고 있을 텐데.

어머니는 일을 쉬고 거의 늘 붙어서 내 수발을 들었다. 내 침대 옆에 얇은 간이침대를 깔아놓고 잤고, 하루 세끼 모두 편의점이나 도시락 가게에서 사 먹었고, 목욕은 근처 대중목욕탕까지 다녀왔다. 당시 내가 입원했던 소아과 병동의 모든 환자 가족들은 그처럼 아이들의 수발을 들었다.

병동의 환자 대부분은 1년이 넘도록 오래 입원했고, 그중에는 태어나고 서너 살이 되도록 병원에서만 지낸 환자도 있었다.

아버지의 일기

병명이 '빈혈'인 줄 알던 내가 진짜 병명을 알게 된 것은 항암제 치료를 서너 차례 마친 무렵이었던 것으로 기억한다.

의사로부터 집에서 외박해도 된다는 허가를 받았다. 4월의 어느 아침에 진료를 받고 그길로 당연히 돌아갈 줄 알았던 집에 가지 못한 채 몇 개월이 지난 날이었다. 오랜만의 우리 집. 집에 돌아가도 된다는 사실은 물론 기뻤지만, 그 이상으로 병동 밖에 나갈 수 있다는 게 기적처럼 여겨졌다. 단, 외박 기간 중에도 감염병 예방을 위해 집 밖에는 나갈 수 없었다.

어느 날, 낮에 가족들이 장을 보러 가고 나 혼자 집에 남았다.

내 방에서 나와 부모님의 방 앞을 지나치는데, 창가에 쌓여 있는 몇 권의 책과 노트가 눈에 띄었다. 어쩐지 궁금해서 방에 들어갔다. 책 한 권을 들어보았다. 책들은 모두 구입한 서점의 종이 커버로 싸여 있었다. 책을 펼치고 제목을 보니 "소아 백혈병 치료"라고 쓰여 있었다. 그 책을 두고 다른 책을 들어 책장을 넘겼다. 그 책의 제목에도 "백혈병"이라는 단어가 쓰여 있었다.

나는 쌓여 있던 책들을 차례차례 펼쳤다. 심장이 조용히, 하지만 강하고 빠르게 뛰었다. 책을 잡고 있는 양손의 손끝이 차갑게 식었다. 모든 책에 "백혈병"이라 쓰여 있었다. '빈혈'에 관한 책은 한 권도 없었다. 나는 파란 표지의 노트도 살며시 펼쳤다. 한 글자 한 글자 꼼꼼하게 쓰인 아버지의 네모진 필적이 눈에 들어왔다. 일기인 모양이었다. 머리 위에서 '남의 일기를 읽으면 안 돼.'라고 외치는 커다란 목소리가 들리는 듯했다. 하지만 멈출 수 없었다.

일기의 날짜를 보니 내가 처음 병원에서 진료를 받고 곧장 입원한 그날부터 시작되었다. 그날의 일기에는 이렇게 쓰여 있었다. "미에가 백혈병이라고 한다. 아내와 함께 울었다." 뺨부터 목덜미까지 차가워지며 핏기가 저 멀리 사라지는 느낌이 들었다. 그다음 날의 일기도 읽었다. 그다음도, 또 그다음도, 다시 그다음도. 한 손으로 계속 일기를 넘겼다. 넘기고 넘기면서 간절하게 '미에의 병은 백혈병이 아니었다. 빈혈이었다.'라는 문장을 찾았다. 왜냐하면 나는 지금까지 몇 번이나 '빈혈'이라고 들었으니까. '백혈병' 같은 말은 단 한 번도 들은 적 없으니까.

다 안다고 말할 수 없어

무언가 잘못된 게 틀림없었다. 그러니 '백혈병이 아니었다.'라는 문장이 아버지의 일기에 있어야만 했다. 하지만 일기장을 샅샅이 뒤져도 마지막까지 그런 문장은 찾을 수 없었다.

시간이 얼마나 흘렀을까. 지금 돌이켜보면 겨우 5분 정도였을지도 모르겠다. 하지만 당시의 나는 두세 시간, 아니 그 이상으로, 심지어 영원처럼 느꼈다. 그 후의 기억은 머릿속에서 깨끗이 사라졌다. 나는 장을 보고 돌아온 가족들에게 아무 말도 못 했다. 무엇도 물을 수 없었다. 왜 그랬을까.

그 이유 중 하나는 내가 아버지의 일기를 훔쳐보았다는 죄책감 때문이었다. 그리고 또 다른 이유는 당시 내가 사실을 알아서는 안 되는 상황에 처해 있는 것이라고 이해했기 때문이었다. 내 병명이 아버지의 일기대로 백혈병이라면, 그럼에도 불구하고 현재 모두가 내게 빈혈이라고 거짓말하는 것은 모종의 이유로 진짜 병명을 알리지 못하기 때문이라고 할 수 있다. 그러니까 나는 '백혈병'이라는 병명을 알아서는 안 되는 것이다.

그렇지만 아무래도 확인하고 싶었다.

외박을 마치고 병원에 돌아간 나는 병실 침대 위에서 주치의에게 물어보았다.

"저 백혈병이에요?"

주치의는 청진기를 내 가슴에 댄 채 눈을 내리깔고 한동안 답하지 못했다. 침대 옆의 창문으로 저녁노을이 보였다. 내 얼굴의 절반에도, 의사의 머리에도 석양빛이 비쳤다. 주치의는 청진기의 위치를 옮기면서 고개를 들고 내 눈을 마주 보았다. 그리고 천천히 말했다.

"아니야, 누가 그런 말을 한 거니."

고요하게 핏기가 가시는 게 느껴졌다. 똑똑히 깨달았다. 나는 백혈병이다.

그렇지만 그 사실을 모르는 척해야 했다. 나는 백혈병이라는 사실과 홀로 마주했다. 자세히 설명해달라 요구하는 것도, 실제로 얼마나 살 수 있는지 캐묻는 것도, 힘들다고 토로하는 것도, 슬프다고 우는 것도, 무섭다고 울부짖는 것도, 내 병이 백혈병이라는 사실을 안다고 말하는 것조차 할 수 없었다. 나는 외톨이라는 것만 느낄 수 있었다.

열네 살의 여름이었다.

여름 냄새
———

병동의 창문은 언제나 닫혀 있었다. 일주일에 한 번 침대 시트를 교환할 때만 창문이 열렸다.

화장실 옆에는 '축뇨실蓄尿室'이라 불리는 작은 방이 있었는데, 한쪽 벽의 선반에 담금주를 담을 듯한 커다란 유리병이 죽 늘어서 있었고, 그 속에는 환자 한 사람 한 사람의 하루치 소변이 담겨 있었다. 용변을 볼 때는 소변통에 소변을 누고, 매번 축뇨실의 병에 옮겨 담았다. 이름이 적힌 병을 보고 있으면 왠지 엄숙한 기분이 들었다. 소변량은 사람마다 꽤 차이가 났다. 색깔도 제각각 달랐다. 점적주사의 주사액 중에는 빨갛거나 파란 것이 있는데, 그게 몸에 들어가면 소변 색이 주황색이나 초록색으로 변하는 것이다.

축뇨실의 작은 창문만이 병동 전체에서 유일하게 열려 있었다. 나는 이따금씩 소변통을 들고 그 작은 창문 아래에 섰다. 여름 냄새가 났다. 나는 그때까지 계절에 냄새가 있다는 것을 몰랐다. 멀리서 매미 소리가 들렸다. 에어컨 실외기의 삐걱거리는 소리도 들렸다. 무덥다는 감각도, 열기를 강하게 반사하는 아스팔트 위를 걷는 감촉도 저 멀리 떠나가서 두 번 다시 떠올릴 수 없을 것 같았다.

머리카락이 빠진 나는, 한 손에 소변통을 들고, 작은 창문 아래에 서서, 여름 냄새를 몇 번이고 들이마셨다.

갈가리 찢긴 나

열네 살 여름부터 시간이 멈춰버린 듯이 느껴졌다.

아버지의 방에서 본 책에 따르면, 내가 걸린 병의 5년 생존율은 극히 낮았다. '5년 안에 죽는구나.'라고 생각했다. 그게 어떤 일일지 상상하기 어려웠다. 죽음이라는 것이 어떤 일인지, 그때껏 내 일로 생각해본 적은 없었다.

내가 죽으리라는 사실을 알아버린 그날부터 지금이 나 자신의 '말년'이라고 느꼈다. 내가 갈가리 찢겨버린 것만 같았다. 수많은 작은 조각으로 찢겨서 원래 하나였던 나로 되돌릴 수 없게 된 것 같았다.

지금까지 살아온 나. 환자가 되고 침대에 누워 치료를 받는 나. 죽을 것이라고 알아버린 나. 말년인데 이러지도 저러지도 못하는 나. 실은 분노하고, 괴로워하고, 슬퍼하는 나. 그처럼 갈가리 찢긴 나의 단편들을 그러모으려고 해도 금세 어딘가로 흩어지고 말았다. 어떻게 해도 다시 하나로 모을 수 없다고 느꼈다.

나는 치료를 잘 받았다. 아니, 치료를 받는 것 외에 다른 선택지가 있었을까? 다른 선택지는 처음부터 전혀 없었다. 나는 병과 싸울 수밖에 없었다. 틈날 때마다 착실히 공부를 했다. 나는 주위 어른들에게 의사가 꿈이라고 말했다. 지금 생각해보면 누군가를 돕고 싶었던 것은 아니다. 고통 속에 있는 나 자신을 돕고 싶었다. 혹시라도 의사가 되면 내 고통을 조금이나마 덜 수 있지 않을까 생각했던 것이다. 또한 의사를 목표하면 주위 사람들이 반기면서 기대해준다는 것도 충분히 알고 있었다. 그래서 나는 의사를 목표한다고 했다.

  그렇지만 한편으로 나는 의사 따위 될 수 없다는 것도 알고 있었다. 의사든, 교사든, 꽃집 사장이든, 작가든, 주부든, 스무 살이든, 나는 그 무엇도 될 수 없다는 걸 알고 있었다. 5년 내에 죽는다면, 내 수명은 열아홉 살까지다. 그런데도 무얼 위해 나는 지금 점적주사를 맞으며 구역질에 시달리고, 머리카락을 잃고, 비썩 말라비틀어져서, 홀로 병원 침대에 누워 있는 것일까. 때때로 어처구니없었다. 하지만 한 번도 어처구니없다고 말한 적은 없었다. 나는 내 마음에 관해 누구와도 단 한 마디도 대화하지 않았다.

  '5년.' 나는 생각했다. '5년만 참으면 돼.'

  병실 창밖으로는 극히 보통의 풍경이 펼쳐졌다. 자전거를 탄 사람이 천천히 다리를 건넌다. 손에 가방을 든 사람이 걸어간다. 개를 데리고 산책하는 사람이 있다. 나는 길을 걷는 것이 어떤 경험인지 떠올릴 수 없게 되었다. 바깥바람을 쐬는 게 어떤 느낌인지도 떠올릴 수 없었다. 병에 걸리기 전에 내가 어떤 식으로 시간을 느꼈는지도 깨끗이 잊어버렸다. 그런 건 처음부터 없었다는 듯이.

퇴원, 그리고 학교

열다섯 살의 봄, 나는 1년을 꽉 채운 입원 생활을 끝냈다. 오랜만에 구두를 신고, 잠옷이 아닌 외출복을 입고, 가발을 쓰고 밖으로 나갔다. 당시 내가 1년 만에 나간 바깥세상을 어떻게 느꼈는지, 이유는 모르지만 기억나지 않는다. 1년 만에 병원을 나가서 얼마나 기뻤을까 싶지만, 기억에는 아무것도 없다.

집으로 돌아가고 얼마 지나지 않아 나는 학교를 다니기 시작했다. 4월이었다. 1년 전의 동급생들은 입시를 치르고 고등학교에 다니고 있었다. 나는 1년 전에 다니던 중학교의 3학년으로 편입했다. 본래 후배였던 사람들만 가득한 교실로 들어가는 데는 용기가 필요했고, 첫날에는 배가 좀 아팠다.

일단 어머니와 함께 교무실에 인사하러 갔다. 내가 편입할 반의 부담임 선생님이 맞이해주었다. 그 선생님과 둘이 교실로 걸어갔다. 선생님이 복도에서 내게 물었다. "병명을 반 아이들에게도 알릴까? 아니면 말하지 않는 편이 좋을까?"

나는 깜짝 놀랐다. 이 사람은 내가 모르는 것으로 되어 있는 사실을 왜 묻는 걸까? 이런 복도에서 그토록 중요한 일에 관해 질문하고 답을 구하는 것에 무척 놀랐다. 내가 만약 "병명을 모두에게 알려주세요."라고 말하면, 선생님은 반 아이들 앞에서 "백혈병으로 1년 동안 입원했다."라고 나를 소개할까? 빈혈이라고 되어 있는 내가 그 자리에서 병명을 알아버리면, 어른들은 그 사태를 어쩔 셈일까?

종기

사람은 무언가 선을 넘는 일과 직면하면 화내거나, 분개하거나, 슬퍼하는 것도 하지 못한다. 그저 놀라고 그 일을 어떻게 받아들여야 할지 혼란스러워한다. 오래전 학교 복도에서 있었던 일을 떠올리며 글을 쓰는 지금도 키보드를 두드리는 내 손끝이 차가워지는 게 느껴진다.

서른 살이 넘은 뒤, 처음으로 부모님과 당시 일을 이야기할 기회가 생겼다. 부모님의 방에서 우연히 병명을 알아버렸고, 그 때문에 오랫동안 힘들었다고 말했다. 내 이야기를 들은 부모님은 "일부러 눈에 띄는 자리에 책과 일기장을 두었다. 병명을 알려주고 싶어서."라고 했다. 나는 태어난 이래 가장 큰 충격을 받았다. '왜?'라는 말이 가슴속에서 흘러넘칠 것 같았다. 부모님은 "소아과에서는 병명을 알리지 않는 게 방침이었고, 우리도 그 방침에 동의해서 서류에 서명했어. 하지만 네가 강하게 살아줬으면 해서 그런 방식으로 병명을 알려준 거야."라고 말을 이었다.

30년 넘게 지난 뒤에야 처음으로 분노를 느꼈다. 병명을 알려주는 것은 사과에게 '네 이름은 사과야.'라고 알려주는 것과 전혀 다른 일이다. 병명을 알려주는 것은 무척 까다로운 일이다. 만약 그러기로 했다면 병명을 알리는 것과 병행하여 그 병을 어떻게 받아들일지, 그 병을 자기 자신의 일로 어떻게 소화할지 등을 당사자와 여러 사람들이 함께 생각해야 한다. 당시 내게는 오로지 백혈병이라는 이름만이 주어졌다. 그때 부모님이 한 일은 아무리 좋게 말해도 나를 향한 폭력이었다.

밝은 빛이 들이치는 학교 복도에서 나는 선생님께 "병명은 말하지 말아주세요."라고 답했다. 그 뒤 나는 교실에 들어가 칠판과 교탁 사이에 섰다. 선생님은 병 때문에 1년 동안 입원했다고만 소개했고, 나는 "잘 부탁해."라고 인사하며 살짝 고개를 숙였다. 머리를 숙일 때, 나는 가발을 신경 썼다. 가발은 아무래도 이마와 머리카락의 경계, 그리고 가

마가 인공적인데, 머리를 숙였을 때 가마가 보여서 가발이라는 게 들키면 어떡하나 걱정했다. 그래서 되도록 머리를 깊이 숙이지 않으면서 되도록 빨리 고개를 들었다. 수십 개의 검은 눈동자가 나를 지켜보고 있었다. 전부터 알던 눈동자도 있었고, 처음 보는 눈동자도 많았다.

예상은 했지만, 나는 선생님으로부터도 동급생으로부터도 건드리면 안 되는 종기 같은 취급을 받았다. 아니, 취급을 받았다는 건 정확한 표현이 아니다. 모두가 어쩔 수 없이 함께하는 종기 같은 존재를 어떻게 대하면 좋을지 몰라서 곤란해하는 느낌을 받았다. 취급하는 것 자체를 주저하는 것 같았다.

나는 매일매일 학교에 갔다. 학교가 즐거웠기 때문은 아니다. 학교에 다니는 것 말고 무얼 하면 좋을지 몰랐기 때문이다. 치료를 받고, 공부를 하고, 학교에 다니는 것 외에 다른 방식이 있을지 모른다는 발상조차 떠올리지 못했다. 누구도 다른 방식을 가르쳐주지 않았고, 나와 함께 고민해주지 않았다.

세계와 연결되는 유일한 수단

나는 그때 백혈병의 증상이 누그러진, 관해寬解라고 불리는 상태였다. 일상생활에서 제한할 점은 거의 없었다. 열이 오르거나 출혈이 멈추지 않는 증상도 없었다. 몸 상태만 보면 입원 전에 가까웠다. 하지만 나는 내 마음을 누구에게도 말할 수 없었다. 내 마음을 말하다 보면, 스스로도 내 마음을 모르게 될 것 같았다.

그 무렵 나는 입원 중에 쓰기 시작한 단카 속에서만 내 마음을 해방할 수 있었다.

분수의 반짝이는 빛 내려앉는 공원에 잠시 자신을 벗어 던지자

이런 단카를 지었다.

단카를 쓸 때면 갈가리 찢긴 나를 한데 그러모아서 원래대로 되돌리는 느낌이 들었다. 수업 중 노트 한구석에, 쉬는 시간 수첩에 단카를 썼고, 하교 후 내 방에서도 단카를 썼다. 단카 속의 나는 환자도, 가발을 쓰지도, 외톨이도 아니었다.

당시 집에서 구독하던 신문에 단카를 투고했다. 단카를 세 번 투고하면 두 번 정도는 게재되었다. 활자로 읽는 내 단카는 살짝 훌륭해 보였다. 때로는 내 단카를 선정한 사람의 의견도 함께 실렸다. 신문에 내 단카가 실리는 것이 매우 기뻤다. 일요일에 게재되었기 때문에 일요일 이른 아침 가족들이 아직 잘 때 일어나 우편함에서 신문을 꺼냈다. 오직 단카만이 내가 세계와 연결되어 살아가고 있다는 실감을 주었다.

그만두고 싶어

열다섯 살의 기억 중 가장 괴로운 것은 여름방학을 앞둔 체육 수업에 일어난 일이다. 수영장에서 수업하는 날이었고 나는 탈의실에서 옷을 갈아입었다. 편입 후에는 체육 수업을 견학만 했는데, 내가 다니던 중학교는 견학할 때도 체육복을 입어야 했다.

나는 축축한 탈의실에서 수영복으로 갈아입는 동급생들과 조금 떨어져서 홀로 체육복으로 갈아입었다. 가발을 쓰고 학교를 다녔기 때문에 탈의실에서는 언제나 긴장했다.

지퍼나 단추가 없고 머리로 입고 벗어야 하는 티셔츠를 갈아입을 때는 가발이 벗겨질까 조마조마했다. 나는 언제나 가발을 한 손으로 누르면서 다른 손으로 옷을 잡아당겨 최대한 재빨리 갈아입으려 했다.

그날도 당연히 매우 조심하며 옷을 갈아입는데, 무엇 때문인지 가발이 벗겨지고 말았다. 그 뒤의 일은 마치 슬로모션 영상처럼 머릿속에 선명하게 새겨졌다.

젖은 콘크리트 바닥으로 가발이 떨어졌다. 떨어지자마자 그것은 마치 거짓말 같은, 인공적인 물건으로 보였다. 떨어진 가발의 털들은 흐트러지고 끝이 젖었다. 나는 숨을 죽였다. 떠들썩하던 탈의실이 순식간에 고요해졌다. 나와 떨어진 곳에서 웃으면서 옷을 갈아입던 아이들도 숨죽였다.

갑자기 전부 어처구니없게 느껴졌다. 죽고 말 것이라는 미래도, 매일 노력하는 것도, 거짓말 같은 가발을 뒤집어쓰는 것도, 학교에 다니는 것도, 공부하는 것도 전부 어처구니없었다. 아마도, 울고 싶었다. 아마도, 마구 소리 지르고 싶었다. 아마도, 크게 화내고 싶었다. 전부 그만두고 싶었다. 나는 생각했다. 더는 못 해. 돌아가고 싶어. 나는 그만 어딘가로 돌아가고 싶었다.

어디로? 나는 어디로 돌아가면 될까?

집으로는 돌아갈 수 없었다. 내가 설령 지금의 괴로움을 이야기할 수 있다 해도, 그럴 수 있는 장소가 집에는 없었다. 당연히 학교에도 없었다. 병원에도 없었다. 나는 이 세계에서 정말로 외톨이였다. 이 탈의실에서, 반 아이들로부터, 떨어진 가발에 등을 돌리고 어딘가로 달려서 돌아갈 수 있다면 얼마나 좋을까. 하지만 내게는 돌아갈 곳이 없었다.

나는 가발을 주워서 다시 머리에 썼다. 젖은 털이 뺨에 닿았다. 나일론으로 만든 인조털이 뻣뻣해져서 뺨에 닿으니 날카롭고 딱딱하게 느껴졌다. 그날 나는 울지도, 소리지르지도, 화내지도, 돌아가지도 않고, 마지막까지 수업을 들었다.

그 병원의 다큐멘터리

그 무렵 텔레비전에서 한 다큐멘터리를 방송했다. 내가 입원했던 대학병원의 소아과 병동이 무대였다. 우연히 본 신문의 텔레비전 편성표에서 프로그램 제목이 눈에 띄었다. 늦은 밤에 방송하는 프로그램이었다. 나는 가족들 몰래 혼자 거실에서 음량을 줄이고 봤다.

다큐멘터리는 내가 지낸 병실의 옆 병실에 입원했던 초등학생 남자아이를 취재한 것이었다. 나는 입원해 있는 동안 누가 무슨 병인지 몰랐는데, 프로그램 첫머리에서 그 남자아이가 백혈병이라고 알려주었다. '나랑 같은 병이야.' 가슴이 덜컥했다. 다큐멘터리 속 입원 생활을 하는 그는 내가 알던 사람이었고, 텔레비전이 보여주는 풍경은 나도 잘 아는 병동의 일상이었다. 화면 한구석에 나도 등장한 것만 같았다.

방송 후반에 그는 세상을 떠났다. 내게도 낯익은 침대를 가족들이 에워싸고 눈물 흘리거나 울부짖는 가운데 그는 조용히 죽었다. 그 모습이 한참 동안 화면에 비쳤다.

나는 그가 세상을 떠난 줄 몰랐기 때문에 큰 충격을 받았다. 그다음에는 맹렬하게 화가 났다. '병과 싸우고 죽었다.' 그걸 다큐멘터리로 만들어서 대체 뭘 보라는 것인가. 가엾다고, 장했다고 그에게 말하는 건가. 죽는 모습까지 방송하다니 당사자의 동의는 제대로 구한 건가. 방송에 담긴 건 그의 목숨이었지만, 어쩔 수 없이 내 목숨으로 느껴지기도 했다. 내가 그곳에서 죽어도 전혀 이상하지 않았을 것이다. 내게 일언반구 없이 내 목숨이 싸구려 다큐멘터리가 되어 방송되었을 수도 있는 것이다. 하지만 나는 그런 생각을 누구에게도 말할 수 없었다. 나는 정리할 수 없는 기분을 가슴속에 욱여넣었다. 이미 기분이 흘러넘치고 있는데, 욱여넣기밖에 할 수 없었다.

또 다른 나의 죽음

그즈음에 나는 종종 '살아남고 말았다.'라는 감정에 빠졌다. 훗날 그 감정이 강제수용소에서 살아남은 사람이 느끼는 이른바 '생존자의 죄책감'과 같은 것이었음을 알았다.

'생존자의 죄책감'이란 재해, 사고, 사건, 학대 등 극심한 고난을 겪다가 구조된 사람이 같은 경험을 했지만 구조받지 못한 사람에게 느끼는 죄책감을 가리킨다. 나는 그 다큐멘터리를 본 뒤로 줄곧 지금 내가 살아 있어도 되는 것인지 생각했다. 나 자신에게 살아 있을 자격이 없는 것 같아서 양심의 가책에 시달렸다.

그런 마음은 흐릿해질지언정 완전히 사라지지는 않았다. 40대가 된 지금도 나는 그의 죽음과 '내가 살아도 되는 것일까?'라는 의문을 떨치지 못하고 있다.

요즘도 텔레비전으로 본 그의 모습이 플래시백flashback처럼 눈앞에 선명하게 떠오를 때가 있다. 화면 속에서 죽어갔던 그가 또 다른 나처럼 느껴진다. 그가 죽은 이유를 나는 지금까지도 찾지 못했다. 마찬가지로 내가 살아남은 이유 역시 찾지 못했다. 사실, 이유 따위 없을 것이다. '내가 살아도 되는 것일까?'라고 생각할 필요도 없을 것이다. 이성으로는 알고 있다. 하지만 나는 때때로 내가 살아 있다는 사실 때문에 가슴이 쥐어뜯기는 듯한 기분에 빠질 수밖에 없다.

약을 먹으면서 정기적인 검사를 받고 있지만, 내 몸은 건강한 상태를 유지하고 있다. 치료에는 효과가 있었다. 나는 살아 있다. 하지만 '내가 살아 있으면 안 되는 것 아닐까?'라는 의문을 품는 동시에 마음을 억누르면서 매일매일 살아가고 있다.

앞으로 몇 년만 참으면

두 번째 중학교 3학년이 끝났다.

나는 같은 중학교에서 진학하는 학생이 적은 고등학교를 골라 시험을 치르고 합격했다. 계속해서 약을 먹고 병원을 다녔지만, 그래도 고등학교에는 내가 병이 있다는 사실과

한 살 연상이라는 사실을 아는 사람이 적었다. 종기처럼 취급당하는 느낌이 꽤 줄었다. 그럼에도 나는 줄곧 학교에 적응하지 못했다. 앞으로 4년, 이제 3년, 하며 내게 주어진 시간을 생각했다.

주위 학생들 모두가 2학년이 되자 당연하다는 듯이 진로에 관해 이야기했다. 나도 누가 물어보면 장단을 맞춰 답했지만, 나는 그 전에 죽는다고 생각했다. 죽음이 괴롭긴 했지만, 그보다도 내게 죽음은 희망 같은 것이 되어갔다. 그때까지만 참으면 돼. 앞으로 조금만 힘내면 다 끝나. 그런 생각을 계속했다.

고등학교 3학년이 되었다. 슬슬 진짜 대학 입시를 앞두고 학급의 분위기가 미묘하게 달라졌다.

1월에 입시를 치르고 바로 성인의 날이 왔다. 작은어머니가 전통 예복을 빌려주어서 나는 옷을 차려입고 성인식 기념사진을 찍었다. 왠지 전부 내 일 같지 않았다. 의대를 지망한 나는 국립대 의대 세 곳에 지원했고, 전부 떨어졌다. 나는 벌써 열아홉 살이었다. 스무 살이 코앞이었다.

3

살아 있다는 체감과 섭식장애

섭식장애 증상이 나타난 것은 고등학교 3학년, 열아홉 살 때였다.

계기가 된 일을 똑똑히 기억하고 있다.

부모님이 밤새 일하느라 집에 돌아오지 않는 날이었다. 근처에 사는 작은아버지가 퇴근길에 우리 집에 들러 나와 남동생, 여동생에게 저녁밥을 차려주었다. 그날의 메뉴는 작은아버지의 특기인 오코노미야키였다. 아버지가 별로 좋아하지 않는 음식이라 우리 집에서는 거의 먹을 일이 없었는데, 그날은 맛도 있고 평소와 다른 집안 분위기가 즐겁기도 해서 배부르게 먹었다. 좀 과식했을지도 모른다. 저녁을 다 먹고 조금 지나니 속이 더부룩해지기 시작했다. 속은 점점 더 나빠졌고, 결국에는 화장실에서 토하고 말았다.

살찌지 않는 방법을 손에 넣은 줄 알았다

그때 나는 두 가지를 떠올렸다. 하나는 '너무 많이 먹었는데, 토했으니까 괜찮겠다.'라는 것. 또 하나는 '몸에 아무것도 없으니 이렇게 시원하구나.'라는 것.

그날 저녁을 먹는 중에 작은아버지는 내게 "좀 살찌지 않왔니?"라고 반쯤 농담으로 말했다. 사춘기라 몸집이 불어났을 수도 있다. 대수롭지 않은 한 마디였지만, 나는 신경이 쓰였다. 그리고 "살쪘다"라는 말이 신경 쓰였음에도 불구하고, 무심결에 과식해버려서 '또 살쪘다고 할 수도 있겠다.'라고 생각했다. 그래서 화장실에서 전부 토했을 때는 '살 안 찌겠다.'라며 내심 기쁘기까지 했다. 게다가 뱃속이 텅 빈 몸이 시원했기 때문에 그 경험은 내게 이중으로 상쾌한 일이었다.

그날을 기점으로 나는 점점 먹기라는 행위를 할 수 없게 되었다.

학교에 매일 가져가던 도시락을 필요 없다고 거부했고, 점심시간에는 매점에서 구입한 작은 빵 하나만 먹었다. 집에서 먹는 밥도 눈에 띄지 않게 조금씩 양을 줄였다. 큰 접시에 담긴 요리는 조금만 앞접시에 덜었고, 공기에 밥을 담을 때도 무언가 핑계를 대서 덜어냈다.

별로 기억에 남아 있지는 않지만, 그 무렵부터 체중이 조금씩 줄었던 것 같다. 당시 나는 키 158센티미터에 체중이 51~52킬로그램이었는데, 몇 달 만에 체중이 45킬로그램 정도가 되었다. 그러자 부모님 역시 내 상태에 의문을 느끼기 시작했다.

어느 날, 점심밥인 국수가 많아서 도저히 다 못 먹으니 덜어달라고 했지만, 그게 1인분이고 그 정도는 먹어야 한다는 말을 들었다. 그때, 무언가를 생각하기 전에 눈물부터 나와서 나는 울고 말았다.

몸속에 담아둘 수가 없어

내 심상치 않은 모습을 보고 어머니는 아무래도 이상하다고 생각했을 것이다. 어머니는 "억지로 먹지 않아도 돼. 괜찮아."라면서 울음을 그치지 않는 내 등을 쓸어주었다. 어머니의 손길로 무척 안심했던 것이 기억난다. 점점 내가 이상해진다고 생각은 했지만, 이제 내가 어떻게 할 수 없다고 느끼고 있었다. 나는 전처럼 아무 생각 없이 음식을 먹을 수가 없었다. 먹기라는 행위가 내게는 터무니없이 어려웠다.

어머니는 백혈병으로 입원했던 대학병원 정신과에 나를 데려갔다. 그날 진료를 받으며 어떤 말을 들었는지, 아무것도 기억나지 않는다. 그나마 기억나는 것은, 정신과 외래가 다른 진료과와 달리 조금 후미진 곳에 자리해서 고요했던 것, 그 대기실에 앉아 있으면 내가 세계에서 분리된 듯했던 것, 오르골 소리로 클래식이 흘렀는데 내가 '저 음악 별로 안 좋아해.'라고 생각했던 것이다.

그날 의사는 내 이야기에 귀 기울이지 않고, 내 얼굴도 거의 보지 않고, 몇 종류의 정신과 약만 처방했다. 나는 약을 먹기가 무서웠는데, 그 약들이 어떤 작용을 하는지 어떤 설명도 듣지 못했다. 갑자기 식욕이 마구 샘솟거나 살이 뒤룩뒤룩 찌면 어떡하나 싶어 무서웠다. 나는 겨우 약을 처방하는 것밖에 못 하느냐고 몹시 실망했다. 그 외래에는 두 번 다시 가지 않았다.

'먹을 수 없다'는 증상은 머지않아 '먹고 토하기'로 변했다. 두 증상이 전혀 다른 것 같겠지만, '몸속에 담아둘 수가 없다.'라는 공통점이 있다고 생각한다. 처음에는 먹은 것을 토했지만, 머지않아 토하기 위해서 음식을 먹게 되었다.

그 무렵 나는 고등학교를 졸업하고 대학 입시에 실패한 뒤 재수를 하고 있었다. 벌써 스무 살을 목전에 두고 있었다. 대학 입시를 치르긴 했지만, 백혈병으로 죽을 거라 믿었기 때문에 실제로는 내가 대학생이 되는 모습을 그려본 적이 한 번도 없었다. 그런 와중에 재수를 하는 것은 상상할 수 없는 미래를 위해 언제 끝날지 모르는 현재를 살아가는 것이

나 마찬가지라서 불확실하기 그지없게 느껴졌다. 지금 돌이켜보면 그런 상황이 내게는 너무나도 고통스러웠다.

안쪽의 묵직한 것을 전부 배출하고 싶어

먹고 토하는 행위에 언제나 죄책감을 느꼈다.

토하는 걸 들키지 않게 화장실에서 가능한 소리를 내지 않고 토했다. 하지만 머지않아 부모님은 내가 화장실에서 먹은 걸 토한다는 걸 눈치챘다. 어머니는 내 상태에 신경을 곤두세우고 내가 화장실에 들어가면 귀를 쫑긋 세우는 듯했다. 토하는 낌새를 느끼면 화장실 문을 쿵쿵 두드렸다. 어머니는 "아프리카에는 굶어 죽는 아이들도 있어."라고 했다. 그야말로 지당한 말이라고 생각했다. 하지만 그와 동시에 '엄마는 그저 음식이 아깝다고 생각하지, 내 마음이 어떨지는 조금도 알아주지 않아.'라고 절망했다.

먹기 위한 먹기가 아닌, 토하기 위한 먹기. 내게 먹기라는 행위는 삶과 관련 있는 즐거움이나 기쁨이 아니라 토하기 위한 것이 되었다. 맛있다는 생각은 티끌만큼도 들지 않았다. 집에 비축해둔 식빵, 먹다 남은 쌀밥, 라면, 과자, 시리얼 등을 닥치는 대로 의식을 치르듯 입속에 넣었다.

　음식을 먹다 보면 내 몸이 점점 확장되고, 안쪽에 묵직한 것이 쌓여갔다. 그 감각은 마치 내 마음과 같았다. 나는 더 이상 담아둘 수 없는 아슬아슬한 마음을 언제나 끌어안고 있었던 것이다. 더는 못 넣겠다 싶을 때까지 음식을 먹으면 곧장 화장실로 달려가서 토했다. 손가락을 목구멍 깊이 넣고 토했다. 작은 조각 하나도 몸속에 남겨두고 싶지 않았다.

　토할 때는 몹시 괴롭다. 변기를 향해 상반신을 숙이고 있으면, 머리카락이 흐트러지고 눈물이 솟는다. 스스로를 학대함으로써 내 몸을 느낄 수 있었다. 먹은 것이 역류할 때, 몸속에 있는 각 기관의 존재가 뚜렷이 느껴졌다. 평소에는 느낄 수 없는 감각이었다.

　먹은 것을 전부 토하고, 노란 위액까지 나오면 진심으로 안도할 수 있었다. 이제 나는 텅 비었어. 나는 아무것도 떠안고 있지 않아. 그렇게 생각하면 안심되었다.

구토의 장점
―――――――

　나는 어린 시절부터 줄곧 내 몸을 잘 느끼지 못했다. 그러는 것은 지금까지도 변함없다.

이를테면 내 몸에는 항상 무언가에 부딪쳐서 생긴 멍이 있다. 심할 때는 상처 난 사과처럼 온몸에 몇 군데나 멍이 들어서 옷을 벗고 스스로 놀란 적도 있다. 머릿속으로 내 몸의 테두리를 제대로 그리지 못하는 탓에 몸의 범위를 잘못 가늠해서 여기저기 부딪치는 것이다.

또한 나는 내 몸을 통일된 것으로 느끼지 못한다. 온몸을 하나로 묶어서 느끼지 못하고, 손끝, 발끝, 코, 입술 등 각 부위들을 뿔뿔이 따로 존재하는 것으로 느낀다. 심지어 그 부위들이 실제보다 훨씬 멀리 떨어져 있다고 느끼거나 반대로 가깝게 느끼기도 한다. 그래서 누군가 내 몸에 닿았을 때, 그런 데에 손이 있었구나, 혹은 발끝은 거기구나, 하고 놀란 적도 있다.

그런 점에서 구토는 내게 두 가지 장점이 있다. 첫 번째는 설령 환상이라 할지라도 내게 아무것도 떠안지 않은 홀가분한 몸을 준다는 것이다. 두 번째는 고통이 몸의 각 부위를 느끼게 해주는 덕분에 하나로 통일된 듯한 몸을 머릿속에 그릴 수 있다는 것이다.

애초에 나의 섭식장애는 이른바 전형적인 사례들처럼 체중 증가를 두려워하며 먹기를 거부하면서 시작되었다. 하지만 그 양상이 과식·구토로 변화하면서 나에게 섭식장애의 의미 자체가 달라졌다. 과식과 구토를 하면 내 마음속에 오랫동안 쌓여 있던 것을 밖으로 배출하는 느낌이 들었다. 머지않아 나만 죽는다는 불안과 공포. 그리고 내 죽음을 누구와도 공유하지 못하고 누구의 위로도 받을 수 없다는 고독감이 구토 덕분에 아주 짧은 순간이나마 한결 나아졌다. 구토할 때의 고통, 음식이 온몸을 꿰뚫으며 역류하는 느낌은 내가 지금 여기에 육체를 지니고 분명히 존재한다는 체감을 주었다.

그와 동시에 나는 스스로를 직접 죽였던 것이라고 생각한다. 삶을 지속하는 것이 너무 괴로운 나머지 내가 구토라는 행위를 통해 상징적으로 나 자신을 되풀이해서 죽였던 것이라고, 지금은 생각한다. 나는 그 무렵의 나 자신, 그리고 그 무렵부터 지금까지 이어지는 나 자신이 진심으로 가엾다.

나는 줄곧 내 몸을 잃어버렸다

원래도 희박했던 내 몸에 대한 자각은 열네 살의 백혈병을 계기로 더욱 희박해졌다.

내 몸은 입원 생활 내내 매일 온갖 수치들을 계측당하고, 온갖 수치들로 평가받았다. 평범하게 해냈던 일상생활이 거의 불가능해진 된 내 몸을 당연히 의료인들이 걱정도 해주고 배려도 해주었다고 생각한다. 하지만 의료인들이 계측한 일부 수치를 바탕으로 다음에 진행할 치료와 일정을 정한 것도 사실이다. 치료의 결과 역시 다시 계측한 수치를 바탕으로 평가했다.

그런 입원 생활 와중에 내 몸이 나 자신의 것이 아니라 의료의 것, 타인의 것이 된 듯한 느낌이 들었다. 그 감각은 지금도 여전하다. 열네 살 때부터 내 몸은 나 자신의 것이 아니라 의료의 것이었다. 그 몸은 계측당하기 위한, 평가받기 위한 몸이며, 누군가의 따뜻한 손길로 만져져서 내 생명이 자리하고 있음을 확인받을 수 있는 몸이 아니었다.

게다가 백혈병을 계기로 '나는 살아서는 안 되는 사람 아닐까?'라는 의문을 품게 되었다.

때때로 나와 마찬가지로 같은 병동에 입원해 치료를 받다가 세상을 떠난 아이들이 떠오른다. 내가 그 아이들과 무엇이 달랐을까, 하는 의문이 들 수밖에 없다. 그 아이들이 세상을 떠난 걸 어떻게 생각하면 좋을지 알 수 없다. 내가 살아남은 것은 우연이다. 그처럼 우연만으로 살아남은 나는 지금도 그 아이들에게 죄책감을 품고 있다. 내가 살아남아야 했던 이유가 떠오르지 않아서 몹시 강한 죄책감을 느끼고 있다. 또한 살아남았음에도 불구하고 죽은 사람들을 위한 것이 될 만한 일을 무엇 하나 이루지 못한 나 자신이 몹시 수치스럽다.

원래 있던 발달장애 경향 때문에 내 몸에 대한 자각이 약했는데, 그에 더해 백혈병 치료와 입원으로 내 몸이 타인의 것이 되었다고 느끼면서 더더욱 내게서 내 몸이 멀어졌다. 나는 그렇게 오랫동안 줄곧 몸을 잃기만 했다.

20대 말부터 반복해서 꾸는 꿈이 있다. 내가 사람을 죽이고 우리 집 정원에 묻었던 것을 떠올리는 꿈이다. 나는 사람을 죽이고 땅속에 묻었다는 것을 평소에는 잊고 평범하게 생활한다. 하지만 무언가 때문에 경찰이 우리 집에 조사를 나온다. 나는 사람을 죽이고 묻은 게 틀림없이 들킬 거라고 가슴이 철렁한다. 그때 나는 꿈속에서 자신이 얼마나 악한 인간인지 깨닫는다. 멀쩡한 얼굴로 살아가지만 나는 극악무도한 살인자라는 걸 깨닫는다.

이 꿈은 나의 세 가지 감정에서 비롯되었다고 생각한다.

백혈병에서 나만 살아남아도 괜찮을까 하는 죄책감, 먹고 토하기를 거듭하며 느끼는 죄책감, 그리고 타고난 발달장애 경향 때문에 어린 시절부터 좀처럼 이 세계에 적응하지 못하며 느끼는 소외감과 열등감.

막다른 길에 몰린 재수 생활

토하기 위한 먹기가 일상의 중심이 되자 생활 전체가 점점 파탄 났다. 먹고 토하기는 더 이상 며칠에 한 번, 혹은 하루에 두세 번 하는 행위가 아니었다. 나는 그야말로 끊임없이 먹고 토하지 않으면 살 수가 없었다.

의대 입학에 실패한 나는 입시학원의 국립대 의대 특별과정에 들어가 재수생이 되었다. 나는 백혈병의 5년 생존율이 낮다는 걸 알고 그때까지만 참으면 된다고 생각했다. 그래서 고독과 불안을 혼자 감당하면서 주위 사람들이 원하는 대로 긍정적인 자세를 유지하기 위해 그야말로 절벽 끝에서 위태롭게 버티고 있었다.

스무 살까지만 견디면 끝나는 줄 알았는데, 나는 결국 스무 살이 되고 말았다. 언제까지 참고 견뎌야 할지 전혀 알 수 없었다. 그런 인내는 도저히 오래 할 만한 일이 아니었다. 내 생명이 언제까지 이어질지도 몰랐다. 내가 살아 있는 것인지, 아니면 실은 살아 있지 않은 것인지, 점점 알 수 없었다. 내가 할 수 있는 일이란 토하고, 토하고, 또 토해서 내 몸속을 텅 비우고, 몸을 느끼고, 그럼으로써 간신히 내 존재를 확인하는 것뿐이었다.

정신적으로 점점 막다른 길에 몰렸다. 여름이 되자 나는 방에 있는 참고서 외의 모든 책을 다락으로 치웠다. 방에 책이 있으면 나도 모르게 자꾸 읽었다. 한가롭게 독서할 때가 아니었다. 남동생과 여동생도 있었기 때문에 부모님께는 나를 사립대학에 보낼 여유가 없었다. 이번이 마지막 기회야. 어떻게든 국립대 의대에 합격해야 해. 나는 그런 강박관념에 사로잡혔다.

그렇지만 먹고 토하기가 일상을 지배하는 상황에서 아무리 집중하려 해도 제대로 공부가 될 리가 없었다.

그에 더해 입시학원에서 나는 고독했다. 내가 등록한 특별과정에는 학생이 10여 명 있었는데, 모두가 그 지역에서 성적 좋기로 유명한 사립학교 출신이었다. 평범한 공립학교를 졸업한 건 나뿐이었다. 대부분은 부모님 중 한쪽, 혹은 양쪽이 의사였고, 어느 학교든 상관없으니 의대에 입학해서 부모님의 병원을 이어받는 것이 목표였다. 나는 그 집단에서 친구를 잘 사귈 수 없었다. 수업은 엄청난 속도로 진행되었다. 거기서 뒤처지면 더 이상 나는 어디에도 있을 수 없었다.

그때 나는 반쯤 죽어 있었던 것 같다. 무언가를 느끼거나 생각하는 것을 점점 할 수 없게 되었다. 먹고 토하고, 먹고 토하고, 간신히 학원을 다니고. 몸은 점점 바싹 여위었다. 그러던 어느 날 토한 다음에 일어설 수가 없어서 학원을 빠졌다. 그 뒤로 학원에 갈 수 없게 되었다.

의대를 포기하다

만약 백혈병에 걸리지 않았으면 어땠을까? 어쩔 수 없이 그런 상상을 할 때가 있다. 병에 걸리지 않고 극히 평범하게 스무 살의 여름을 맞이했다면 나는 어떻게 지냈을까.

열네 살 이후, 나는 그 나이다운 시간을 제대로 맛보며 살아간 기억이 전혀 없다. 열네 살부터 내가 살아간 시간은, 전부 '말년'이었다. 사춘기도 청춘기도 내게는 없었다. 한 달, 한 달, 1년, 1년이 전부 죽음을 앞둔 시간이었다. 내 시간을 빼앗기고 말았다는 마음은 지금도 강하게 남아 있다.

 스무 살의 여름. 나는 먹고 토하기에 생활 전체가 지배당하며 점점 혼란 속으로 빠졌다. 앞으로 어떻게 살아가면 될지 전혀 알 수 없었다. 바깥에서 들어온 무언가가 내 속에 담기는 걸 도저히 참을 수 없었다. 그때 나는 말 그대로 매사를 소화하고 흡수하지 못하게 되었던 것 같다. 앞으로 언제까지 살 수 있는지, 그때까지 뭘 하면 될지 몰라서 불안했다.

 그 무렵 나는 '무기질로 된 하나의 배관이 되고 싶다'고 절실하게 바랐다. 내 몸이 요철 있는 유기질로 된 것이라는 사실을 견딜 수 없었다. 내가 몹시 더럽혀진 것 같아서 내장 속을 텅 비우고, 나아가 내장을 뒤집어서 수돗물로 벅벅 빨아 아무것도 없게 만들고 싶었다. 하나의 배관이라는 이미지는 여전히 내게 있다. 나는 마음도 몸도 없는, 배관이 되고 싶었다.

 부모님은 내 상태를 보고 의대가 아니어도 괜찮지 않느냐고 했다. 나도 내심 의대에 가기는 어렵다고 생각하고 있었다. 더는 도저히 노력할 수 없었다. 나는 이미 거의 다니지 않던 학원을 그만두었다. 그때는 지금처럼 인터넷이 발달하지 않았기 때문에 부모님이 직접 서점에서 고등학교

내신과 논술만으로 응시할 수 있는 대학교들을 찾아주었다. 나는 그중 몇 곳에 응시했고, 합격한 곳에 입학했다.

반짝이는 사람들 사이에서 느낀 '거짓'

대학생이 된 나는 조금 구원을 받은 것 같았다. 태어나고 자란 동네를 벗어나 머나먼 곳에서 혼자 생활하기 시작했다. 지금까지의 나를 아는 사람은 누구도 없었다. 가여운 환자라고, 우리와 다른 사람이라고 나를 바라보는 시선도 없었다.

그곳에서 대학 생활을 즐기고 '말년'의 사슬에서 해방되어 20대다운 시간을 보냈다면 얼마나 좋았을까. 지금 이 문장을 적으면서, 나는 왜 그러지 못했을까 생각한다. 먹고 토하기라는 행위는 입학 직후에 자취를 감추었지만, 머지않아 다시 모습을 드러냈다. 아쉽지만 나는 대학에도 잘 적응하지 못했다.

나는 게이오기주쿠대학교의 쇼난 후지사와 캠퍼스에 입학했다. 그곳은 학생들을 '미래에서 온 유학생'이라고 부르며 1990년대에 당시로서는 혁신적인 시도들을 했다. 24시간

개방된 캠퍼스, 기존과 다른 다양한 입시 방식, 영어에 편중되지 않은 다양한 외국어 교육, 전문 분야를 갈고닦는 것이 아니라 여러 분야를 아우를 때 생겨나는 새로운 창조력을 갖춘 인재 육성. 지금 돌이켜보면 말만 들어도 재미있고 가슴이 두근거린다.

 입학 직후 만난 사람들은 모두 대학교의 모토에 걸맞게 유능하고 반짝반짝 빛나는 듯했다. 지방 도시의 전혀 성적이 뛰어나지 않은 고등학교 출신인 나는 꽤 주눅이 들었다. 심지어 내게는 하고 싶은 것도 전혀 없었다. 나는 의대 입시에서 도망쳐 이곳에 왔다는 감정을 질질 끌고 다녔다.

 수업에는 착실히 출석했다. 공부도 제대로 했다고 생각한다. 하지만 나는 그 시기에도 먹기라는 행위를 제대로 하지 못했다. 대학교에 있는 나도 나 자신이라고 여기지 못했다. 작은 집에 혼자 있는 자신이 더욱더 미덥지 않고 기댈 수 없게 느껴졌다. 나는 그곳에서도 고독했다.

 작은 집에서 나는 역시나 구토에 집착했다. 학교에서 친구들과 있어도 진심을 털어놓을 수 없다고 생각하면서 한 시라도 빨리 내 방에 돌아가 몸속에 있는 걸 전부 토해내고 싶어 할 때가 늘어났다. 또다시 구토가 생활의 중심을 차지하기 시작했다. 토하고, 토하고, 토하고, 그 사이에 지쳐 쓰러지듯이 누워서 잠을 잤다. 그리고 억지로 몸을 일으켜 학교에 갔다.

나는 당시 스스로를 거짓말쟁이라고 여겼다. 그런 생각을 강하게 했던 것이 기억난다. 대학교에서는 친구들처럼 아무 일도 없는 표정을 짓지만 실은 혼자 숨어서 몹시 나쁜 짓을 한다고 생각했다. 마음대로 먹을 수가 없다고, 나 혼자서는 어떻게 할 수 없다고, 견딜 수 없이 불안해서 토하는 수밖에 없다고, 도저히 그렇게 말할 수 없었다. 나 자신이 몹시 추하고 더러우며 거짓으로 점철된 존재 같았다.

구토에 나를 빼앗기다

그 무렵, 나는 연애를 시작했다. 상대방은 대학교에 입학한 직후 동아리에서 알게 된 한 살 많은 남성으로 나는 그 사람에게 마음이 끌렸다. 그 이유는 그가 나와 다른 '말'을 지니고 있었기 때문이다. 그는 내가 지금까지 읽어본 적 없는 책들을 읽었다. 마쓰오카 세이고^{松岡 正剛}*의 책에 관해 즐겁게 이야기하는 그의 모습이 무척 인상적이었다. 나는 어

* 편집자, 저술가. 일본에서 손꼽히는 독서가로 출판, 영상, 미술, 과학 등 여러 방면에서 왕성히 활동했고, '편집공학'이라는 자기만의 이론을 제창하기도 했다.

릴 적부터 말을 좋아했기 때문에 타인의 말에 언제나 마음이 끌린다. 정확한 계기는 기억나지 않지만, 그와 나는 사귀기 시작했다. 하지만 연애를 해도 내 과식과 구토는 진정되지 않았다.

혼자 사는 집에서 토하고 있을 때, 그가 찾아온 적이 있었다. 마침 나는 그가 너무 보고 싶었고, 그가 나를 떠올리고 불현듯 집에 와준 것이 무척 기뻤다. 하지만 지나치게 토해서 얼굴이 붓고 까칠해진 탓에 도저히 현관문을 열 수 없어 집에 없는 척을 했다. 그가 잠시 기다리다 계단으로 내려가는 소리를 무척 쓸쓸하게 들었던 것이 기억난다.

구토에 사로잡힌 나는, 구토가 나를 빼앗아간다고 느끼기 시작했다.

'먹기'는 여전히 어려워

열아홉 살에 섭식장애 증상이 처음 나타난 뒤로 지금까지 30년 가까이 그 장애와 함께 살아왔다. 예전처럼 구토에 생활이 지배당하지는 않게 되었지만, 나는 여전히 '먹기'라는 행위를 자연스럽게 해내지 못한다.

지금도 나는 몸속에 무언가가 쌓여 있는 상태에 불안감을 느낀다. 스트레스 받는 일이 있을 때면 몸속에 묵직한 무언가가 있는 느낌이 든다. 나는 그 느낌을 견디지 못하고 빨리 토해내고 싶다는 강한 충동에 휩싸인다. 또한 스트레스를 받으면 내가 지금 여기 존재한다는 감각이 흐릿해지고, 마치 허공을 둥실둥실 떠다니는 듯한 불확실한 느낌이 든다. 걸어 다닐 때도 땅바닥을 느끼지 못하고 구름을 밟는 것만 같다. 추측이지만, 스트레스에 대처하려면 무의식중에 스스로의 존재를 흐릿하게 만들어야 하는 것 같다.

몸을 흐릿하게 만드는 것은 주위로부터 나를 지켜주는 동시에 내가 지금 어디에 있는지 알 수 없다는 불안감도 일으킨다. 그래서 구토라는 행위에 동반되는 극심한 고통으로 내 몸을 확인하고, 그럼으로써 흐릿해진 존재감으로 인한 불안을 지운 것이라고 나는 생각한다.

4

자폐스펙트럼을 자각하다

바로 지난달의 일이다. 나는 정신과 병원의 진료실에서 주치의와 마주 앉았다.

"나는, 온갖 장소에서 적응장애를 겪고 있지 않나, 하는 생각이 들었어요."라고 내가 말하자 주의치는 "맞아요! 바로 그거예요."라고 동의했다.

생활은 어렵다

내가 자폐스펙트럼 진단을 받은 때는 2년 전, 2022년이다. 심리검사의 결과에는 다음과 같은 소견이 쓰여 있었다.

"상상력에 관해서 살펴보면, 무언가 이미지를 떠올리는 것, 소설의 등장인물을 상상하는 것, 창작 놀이를 즐기는 것, 타인이 어떻게 생각하는지 상상하는 것 등은 문제없이 해냅니다. 그에 비해 '사회성'에 관해서는 누군가와 함께하기보다 혼자 행동하기를 선호하고, 사회적 상황을 이해하는 것과 상대방의 의도를 읽는 것 등을 어려워합니다. 언제나 정해진 '루틴routine'을 선호하고, 루틴에 변화가 일어나거나 루틴대로 할 수 없는 상황이 닥치면 혼란스러워하는 경향이 있습니다. 또한 '소통'에 관해서는 잡담을 즐기지 못하고, 일방적으로 이야기하는 경향이 있으며, 대화를 어려워하는 것으로 보입니다. 말하는 타이밍을 가늠하는 것과 대화를 진행하는 법, 그리고 목적 없는 대화를 어려워하고 상대방의 말을 곧이곧대로만 받아들이는 경향이 있습니다."

그 서류를 읽었을 때, '전부 뻔한 말이네.'라고 생각했다. 내가 매일매일 생각해서 굳이 남이 지적해주지 않아도 잘 아는 것들이었기 때문이다. 그 자료에 쓰여 있듯이 나는 혼자 있기를 좋아하고, 루틴을 지킬 때 안심하며(루틴이 깨지면 극심한 스트레스를 받는다), 별다른 내용이 없는 잡담이 힘겹고, 자기 생각을 있는 그대로 말하지 않는 사람을 보면 뭐 저런 거짓말쟁이가 있느냐고 생각한다.

그런 생각을 하면서도 사는 데 큰 지장이 없다면 괜찮겠지만, 나는 이런저런 상황에서 내 자폐스펙트럼 경향 때문에 힘겨워하고 생활 속에서 곤란한 일을 겪고 있다. 그래서 이 글 첫머리에 적었듯 의사에게 '나는 온갖 장소에서 적응 장애를 겪고 있다'고 말한 것이다.

빈말은 어려워

'사회성'과 관련하여 말하면, 나는 어린 시절부터 집단 내에서 행동하는 것이 어려웠다.

다 함께 치르는 학교 행사는 그걸 좋아하는지에 앞서 집단으로 한다는 것만으로도 내게 까닭 없이 공포를 불러일으킨다. 나는 집단 속에 있으면 점점 나 자신이 아니게 되는 것만 같다. 집단의 분위기, 지금 하는 일에 뭔가 의문이 있어도 말할 수 없게 하는 분위기가 두렵다. 그런 상황에 처하면 나는 최대한 존재감을 지우고 시간을 보낸다.

이를테면 학교의 학부모회. 출석하면 반드시 몸 어딘가가 아프고, 결석해도 딱히 중요한 정보를 놓친 적은 없었기 때문에 나는 되도록 학부모회에 가지 않는다. 그런데도 어쩔 수 없이 가야 할 때가 있는데, 그럴 때는 그야말로 큰일이다. 안 그래도 집단 속에 있는 게 힘든데, 그런 자리에서는 빈말뿐인 대화를 해야 하기 때문이다.

빈말뿐인 대화는 나를 정말 피곤하게 한다. 나는 머릿속 생각과 다르게 말할 줄 모르는 사람이라서 내 생각 중 그 자리에서 말해도 되는 것과 안 되는 것을 실시간으로 판단해야 한다(잘못 판단할 확률도 무척 높다).

내 발언에 상대방이 반응했을 때도, 상대방의 말 중에 무엇이 진짜인지 매번 가늠한다. 사람들은 대체로 그런 자리에서 자기 생각을 그대로 말하지 않는데, 나는 어디까지가 상대방의 진짜 생각이고 어디부터 겉치레인지 잘 모른다. 나는 상대방의 말 중에 무엇이 얼마나 진실인지 모르는 채 귀에 들어오는 말들을 일일이 가늠하다가 녹초가 되어버린다. 그런 대화를 이어가다 보면, 점차 상대방이 거짓말쟁이 아니면 지리멸렬한 말만 하는 사람 아닐까 하는 의문이 솟아난다.

이건 1대1 소통에서 있었던 일인데, 예전에 상대방의 말이 진짜인지 아닌지 정말로 전혀 알 수 없었던 적이 있었다. 그럴 때 상대방은 대부분 나를 이래저래 많이 배려해주는 좋은 사람이었다. 그들은 나를 배려해서 빙빙 돌려 말하거나 몇 겹의 완충재를 덧대듯이 완곡하게 말하는데, 그 탓에 나는 정작 중요한 메시지가 어디 있는지 알 수 없게 되는 것이다.

나는 그 사람의 말 속에서 알고 싶었던 것을 찾아낼 수 없었다. 그래서 내가 정답일 것이라 추측하는 세 가지 후보를 상대방에게 주고 무엇이 당신의 답인지 알려달라고 요구했다. 그때 상대방이 뭐라 답했는지는 기억나지 않는다.

지금까지 기억하는 것은 상대방의 답을 들어도 중요한 메시지를 알 수 없었다는 사실뿐이다. 그런 짓을 하면 결국 상대를 불편하게 만들 뿐이고 중요한 답은 알 수 없다는 걸 알았기 때문에 그 후로는 답을 요구하는 것은 하지 않는다.

청각과민의 어려움

초등학교 입학 직후, 나는 주위 아이들의 말을 전혀 알아듣지 못했다. 그 현상은 한동안 이어졌던 것으로 기억한다. 주위 아이들의 말이 마치 외국어처럼 들렸다. 어찌나 속도가 빠른지 내 귀에 닿기도 전에 빠져나가고 말았다. 그 현상의 원인 중 하나는 나의 청각과민이었을 것이다.

청각과민은 사람들이 흔히 상상하는 것보다 훨씬 힘든 증상이다. 어른이 된 지금도 나는 여러 사람의 대화에서 필요한 음성만 골라 듣기가 몹시 어렵고 버겁다.

예전에 셋째 아들이 다니던 국제학교에서 열린 보호자 설명회에 참가했던 적이 있다. 큰 강당에 책상이 예닐곱 개 놓여 있고 보호자들이 몇 조로 나뉘어 각 책상을 이동하며 교과 과정에 관한 설명을 듣는 자리였다.

내가 있는 탁자에서 이뤄지는 설명에 의식을 집중하려 했지만, 왼쪽에서도 오른쪽에서도 앞에서도 뒤에서도 서로 다른 목소리가 끊이지 않고 들려왔다. 심지어 그 언어는 모어가 아니라 외국어인 영어였다. 귀담아듣기도 흘려듣기도 일본어보다 훨씬 부담이 컸다. 설명회가 마무리될 즈음에는 구토할 것 같았고, 실제로 도중에 화장실로 달려가기도 했다. 집으로 돌아가는 전철에서 메슥거림과 두근거림이 멈추지 않아서 '이러면 안 되는데.'라고 걱정했던 게 뚜렷이 기억난다. 나는 그날 밤부터 꽤 심한 우울증에 빠지고 말았다.

그때의 우울증 상태는 몇 달 동안 이어졌다. 내게 청각과민은 좀 피곤한 문제가 아니라 생사가 좌우될 만큼 큰 영향을 미친다. 그런 일들이 일상 곳곳에 널려 있기 때문에 되도록 조심하지만 도저히 피할 수 없을 때도 많다.

소화할 수 없을 때

말도 못 할 만큼 지쳐서 도저히 그 자리에 있을 수 없으면, 한순간 정신이 아찔해진다. 그 장소에 내 몸이 있고 분명히 대화하고 있는데, 잠시 동안 내가 어디 있는지 알 수 없게 되고 의식이 멀리 날아간다. 다음 순간 '아, 이 사람이랑 얘기 중이었지.'라든지 '아이 학교에 왔지.'라고 의식을 되찾는다. 아마도 고통스러운 상태에 계속 의식을 집중할 수 없기 때문에 무의식중에 자기방어를 한 것이 아닐까 싶다.

그렇기 때문에 그런 자리에 가는 것 자체가 내게는 몹시 어려운 일이다. 아이들의 학교 행사, 입학식, 졸업식, 친척 모임, 관혼상제, 여러 사람들이 모이는 모임 등에 무리해서 참석하면 그 뒤에 반드시 몸 상태가 나빠지고 때로는 몇 달씩 이어지기도 한다. 몸 상태가 나빠진다고 썼지만, 결코 간단한 문제는 아니며 그와 함께 강한 우울증에도 빠진다.

먹은 음식을 위에 담지 못해서 토해버리는 증상이 계속되고, 자살성 사고에 세게 사로잡힌 상태가 된다. 추측하건대, 진심이 아닌 상대방의 마음을 받아들일 수 없어서 소화불량에 빠져버린 결과 나타나는 증상들 아닐까. 음식을 먹는 것은 삶과 바로 연결되는 행위다. 먹기란 타인을 받아들이는 행위이기도 하다. 음식을 먹는 행위에서 오류가 일어날 때, 그 배경에서 나는 누군가를 받아들이지 못하거나 받아들이려 노력했지만 잘 풀리지 않았던 것 같다.

죄송하다는 마음도 있다

앞서 적었듯이 나는 일상의 식사 모임, 사교, 친구 사귀기 등을 제대로 하지 못한다. 정형발달인定型発達人, neurotypical* 중에도 사람 많은 곳은 피곤하다는 사람이 있기 때문인지, 외려 내 상태가 피곤함을 넘어서 그토록 나빠지는 것을 이해해주는 경우는 거의 없었다.

나는 아이가 세 명 있는데, 첫째 때부터 이런저런 시도를 하면서 사고방식을 바꿔보려고 계속 노력했다. 하지만 사람 많은 곳이 차츰 익숙해지기는커녕 해가 갈수록 상태가 더욱 심하게 나빠졌다.

현재 주치의는 "힘든 건 아무튼 피해요!"라고 조언을 주었기에 되도록 단체 모임을 안 나가는 방침을 세웠지만, 그렇다 해도 '엄마가 없어서 아이가 쓸쓸하지는 않을까.'라거나 '사교성이 지나치게 나쁜 것도 좋지 않구나.'라고 생각할 때가 있다. 나의 그런 특성에 관해서는 주위 사람들에게 매우 죄송스럽게 생각한다. 오랫동안, 바로 지금도 그게 나의 콤플렉스다.

---

* 자폐스펙트럼 등을 고쳐야 할 질환이 아닌 정체성으로 여기며 존중해야 한다는 신경다양성의 관점에서 만들어진 말로 발달장애가 없는 사람들을 가리킨다.

거짓말은 못 해서

 거짓말도 내게는 쥐약이다. 거짓말에 무척 강한 저항감이 있어서 적당한 핑계를 둘러대고 거절하는 걸 못 한다. 사람들은 그런 식으로 내키지 않는 일들을 거절한다는데, 그 말을 들으면 아직도 깜짝 놀란다. '거짓말이잖아!'라는 생각부터 드는 것이다. 모두들 거짓말을 해서는 안 된다고 생각할 텐데(혹은 알고 있을 텐데), 태연하게 일상적으로 거짓말을 한다니 이해할 수 없다.

 나는 둘러대면서 거절하지 못하기 때문에 싫은데도 받아들여서 고생하거나, 진짜 이유를 말해서 마찰을 겪든가, 둘 중 하나를 결과로 맞이한다.

 가령 별로 만나고 싶지 않은 사람이 우리 집에 꼭 놀러 오고 싶다고 할 때, '만나고 싶지 않다'는 내 마음을 존중하면 "별로 만나고 싶지 않으니까 우리 집에 오지 마세요."라고 거절해야 할 것이다. 하지만 아무리 나라도 그렇게까지 할 수는 없다고 생각하기에 그런 상황에서 선택지는 하나밖에 없다. '만나고 싶지 않아도 그냥 참고 집으로 초대하는 것'이다.

하던 대로 하지 못하면

 심리검사 결과에 쓰여 있듯이 나는 루틴을 선호하고, 그 루틴이 바뀌거나 무너지면 혼란에 빠지는 경향이 있다.

 나는 지금 이 글을 쓰면서 밴드 크리프하이프ク リ ー プ ハ イ プ의 「결후結喉」라는 곡을 듣고 있다. 우연히 찾은 곡인데 꽤 마음에 들어서 그제부터 계속 듣고 있다. 벌써 수백 번은 들었을 것이다. 그 곡만 들을 수 있고, 다른 곡은 도저히 듣지 못하겠다. 똑같은 곡만 되풀이하는 것에 슬슬 나도 진력이 나지만, 그럼에도 멈출 수가 없다. 내 경우에 반복이란 안정을 뜻하는 동시에 약간 강박적이고 의존적인 면이 있는 행위다.

 루틴은 일상생활의 온갖 상황에 존재한다. 루틴이 잘 굴러가는 동안에는 아무 문제가 없지만, 무언가의 이유로 지장이 생기면 극심한 스트레스를 받는다.

 예를 들어 아이들의 방학. 그 시기에 나는 비유가 아니라 말 그대로 공포를 느낀다. 평소와 다른 생활이 두 달 넘게 이어지는 것이다! 혼자 있는 시간이 없어지고 항상 누군가의 기척이 느껴지는 생활이란 정말이지 고통스럽다. 아이들 입장에서는 방학이라 집에 있을 뿐인데, 자기 때문에 엄마의 상태가 악화되는 게 너무하다고 생각할 것이다. 나라고 그렇게 되고 싶은 것은 아니기에 지금까지 많은 노력을 했다. 아이들과 함께 시간을 보낼 때의 즐거움을 꼽아보고, 무언가를 함께 해보는 등 노력을 기울였다. 하지만 순조롭게 흘러가지는 않았다.

'왜 나는 다른 사람들처럼 못 할까?' '겨우 여름방학으로 우울증에 빠지면 어쩌자는 거야?' 스스로에게 질문해보기도 했지만 그런다고 나아지는 것은 없었다.

사람의 색

자폐스펙트럼이란 '무언가가 정형발달인보다 뒤떨어지는 것'이 아니라 세계를 보는 방식, 인식하는 방식이 근본부터 정형발달인과 다른 것 아닐까?

예를 들어, 내가 보는 세계는 대부분 사람들이 보는 것보다 훨씬 다채롭다. 내게는 사람의 '색'이 보이기 때문이다. 사람들 제각각 고유한 '색'이 있는데, 푸르스름하다거나 희끄무레하다처럼 대충 뭉뚱그려 부르는 색은 아니다. 나는 수많은 색들이 담긴 색상표에서 망설이지 않고 하나를 골라낼 수 있을 만큼 뚜렷하게 개개인의 '색'을 인식한다.

예컨대 커다란 전철역 등 혼잡한 장소를 다니면 그곳에 있는 사람만큼 색의 정보가 쏟아지고, 나는 홍수 같은 방대한 정보량을 견디지 못해 녹초가 된다. 그래서 30대 중반부터는 의식적으로 사람의 색을 인식하는 회로를 닫는 연습을 했다. 나는 그것을 "문 닫기"라고 부르는데, 실제로 문을 여닫는 이미지를 머릿속으로 그리며 회로를 열거나 닫는다. 평소에는 거의 닫아두기에 색이 보이지 않는다. 그러다 색을 보려 할 때 문, 즉 회로를 연다. 그리고 볼일이 끝나면 서둘러 문을 닫는다. 그러지 않으면 금세 수많은 색의 정보가 들이닥쳐서 휩쓸릴 것 같기 때문이다.

개개인의 색이 보인다는 이야기를 하면 대부분 사람들이 재미있어한다. 영적인 오라^{aura} 같은 것이냐는 질문도 종종 받는데, 그 색에 어떤 의미가 있는지는 나도 모른다. 어린 시절부터 보였기 때문에 사람의 색은 내게 지극히 당연한 것이다. 내게는 이토록 뚜렷하게 보이는 색이 다른 사람들에게 보이지 않는다는 것을 알았을 때, 처음에는 당혹스러워서 그 사실을 잘 받아들이지 못했다.

활자로 보이는 말

그 외에도 다른 사람들은 보지 못하지만 나는 볼 수 있는 것이 있는데, 바로 내가 할 말의 활자다.

누군가와 대화할 때, 나는 눈앞에 보이는 활자들을 읽으면서 이야기한다. 결코 비유가 아니다. 내 눈에는 내가 이야기해야 하는 말이 활자로 보인다. 아나운서가 프롬프터에 표시되는 문장을 읽는 것과도 비슷하다.

활자의 글씨체는 언제나 명조체에 반드시 세로쓰기로 되어 있다. 명료하게 쓰여서 무척 읽기 쉽다. 나는 철들었을 때부터 그 활자가 보이는 게 일상이었기 때문에 (나는 2세 때부터 글자를 읽고 썼다고 한다) 다른 사람들에게 활자가 보이지 않는다는 걸 한참이나 몰랐다. 다른 사람들에게 활자가 보이지 않는다는 것은 30대 중반에야 알았다. 그때는 꽤 큰 충격을 받았다. 사실 아직도 나는 활자가 보이지 않는 것이 어떤 느낌인지 잘 모른다. 다른 사람들은 활자가 보이지도 않는데 어디서 어떻게 할 말을 찾아 이야기하는지 상상할 수도 없다.

평소에는 내가 해야 할 말만 활자로 보이지만, 몸 상태가 나빠지면 대화 상대의 말도 활자로 눈앞에 떠오른다. 지금 내가 대화하는 상대방의 모습 위에 겹치듯이 상대방이 지금 말한 문장이 확 표시되는 것이다. 키보드로 글자를 입력하듯이 차례차례 한 글자씩 나타나지는 않고, 투명한 배경 위에 명조체의 검은 글자들만이 세로쓰기로 보인다. 내가 하는 말도 보이기 때문에 두 사람의 말이 동시에 표시되면 몹시 정신이 없어서 결국에는 지치고 만다.

더욱 상태가 나쁠 때는 나와 상관없는 주위 사람의 말까지 활자로 보인다. 그럴 때 내 눈에는 평범한 시각 정보에 더해 주위 사람들이 말하는 문장까지 활자로 나타난다. 내 뇌는 지나친 정보를 처리하지 못하게 되고, 나는 구역질을 하고 당장이라도 쓰러질 듯이 상태가 나빠진다.

과민함과 함께 살기 위한 노력

시각과 청각 관련해서는 색이 화려한 것, 눈부신 것, 큰 소리, 사람이 말하는 소리, 듣고 싶지 않은 음악 등에 큰 고통을 느낀다. 그래서 외출할 때는 선글라스와 노이즈 캔슬링 기능이 있는 이어폰이 필수다(그렇게 해도 혼잡한 곳에서는 때때로 몹시 힘들다).

그와 더불어 촉각도 과민하다. 소재가 화학섬유인 옷은 그야말로 피부에 닿기만 해도 정신이 이상해질 것 같다. 스타킹은 내가 가장 거북해하는 것으로 살에 착 달라붙으면서 감촉이 나쁜 것은 한시도 참을 수 없다. 어쩔 수 없이 스타킹을 착용해야 하는 관혼상제를 대비해 가터벨트를 써서 되도록 접촉 부위가 적은 스타킹을, 그것도 화학섬유가 아닌 실크로 만든 스타킹을 준비해두고 있다.

생리 또한 불쾌한 일 중 하나다. 일주일 동안 내가 제어할 수 없는 출혈이 계속되는 것은 불쾌하기 그지없는 일이다. 속옷이 닿는 부위가 언제나 습한 상태인 것도 몹시 불편하고 언짢기에 생리용품을 고를 때 특히 신경 쓴다. 조금이라도 덜 불편한 것을 찾으려고 수많은 제품을 시험했다. 최근에는 감촉을 중시한 생리대가 늘어났지만, 예전에는 일본제 생리대 중 감촉이 그나마 참을 만한 것도 드물었기 때문에 순면으로 만든 수입 제품을 구해서 썼다. 중고등학생 때만 해도 선택지는 생리대 아니면 탐폰밖에 없었지만, 요즘은 생리컵에 팬티형 생리대에 몸에 끼우는 생리용품까지 선택지가 훨씬 많아졌다. 매우 바람직한 일이라고 생각한다.

예전과 비교하면 발달장애의 특성이 많이 알려지긴 했지만, 그중에서도 여성만이 겪는 생리 중의 불편에 관해서는 여전히 알려지지 않은 부분이 많다. 나뿐 아니라 촉감이 과민한 여성 발달장애인들이 생리용품을 쓰면서 많은 어려움을 겪으리라 짐작한다. 여성은 한 달 중 4분의 1이 생리 기간이기에 생리와 관련한 발달장애인만의 어려움이 더욱 널리 알려지길 바란다.

올바른 옷만을 입어야 한다

내가 얽매이는 대상은 루틴 말고도 많다. 얽매인다고 하면 대수롭지 않게 들릴 수도 있겠지만, 나는 스스로가 '잘못되었다'고 느끼는 것을 받아들이기가 너무 어렵다.

예를 들어, 그날그날의 옷차림. 그날의 기분대로 입는 것이 아니라 그날에 가장 올바른 차림이라고 내가 여기는 것을 입어야 직성이 풀린다. 올바른 옷차림이라고 했지만 명확한 기준이 있는 것은 아니고, 내가 직감적으로 '이게 올발라.'라고 느끼는 것이다.

그에 더해 날씨도 중요한 요소다. 추운지, 더운지, 비가 내리는지, 맑은지 등을 고려하며 아침에 눈뜨면 침대에 누워서 가장 먼저 그날 무슨 옷을 입을지 생각한다. 입을 옷을 결정하여 옷장에서 꺼내면 그에 가장 어울리는 속옷도 위아래를 맞춰서 준비한다. 당연히 액세서리도. 그렇게 나는 침대에서 일어나자마자 잠옷을 벗고 외출복을 입는다. 그래서 나는 아침 일찍부터 외출할 때와 다름없는 옷차림으로 지낸다. 종일 집에 있는 날도 그날 가장 올바르다고 여기는 목걸이와 귀걸이를 하고, 외출하든 말든 똑같이 화장을 한다.

화장은 40대에 개인 수업을 받고 할 수 있게 되었다. 주위의 여자들이 학교에서 배우지도 않았는데 언제 어떻게 화장에 능숙해진 것인지 그저 놀랍기만 하다.

배우기 전까지 화장을 해본 경험이라고는 성인식과 결혼식 때 사진 촬영을 위해 받은 것밖에 없었다. 그때는 얼굴 전체를 끈적끈적한 화장품으로 빈틈없이 칠한 느낌이라 호흡이 힘들었고, 몹시 불쾌한 경험으로 기억에 남아 있다. 그래서 '화장은 못 해.'라고 생각했고, 그 뒤에 직장에서 일하며 동료 여성에게 "화장은 사회인으로서 기본 소양이야."라는 말을 들어도 계속 하지 않았다(당시 동료가 직접적으로 말하지 않고 에둘러 말해서 나에게 한 말이라고 알아채지 못한 탓이기도 하다).

어느 날, 파운데이션도 꼭 필요한 몇몇 부분에만 바르는 간단한 화장법을 가르쳐준다는 개인 교실에 다녀봤다. 그곳에서 배운 방법으로 화장하면 촉각적인 불쾌감이 느껴지지 않았다. 그 후로는 그 교실에서 배운 방식과 도구만 사용해서 화장하고 있다. 그날그날 사정에 따라 화장을 하거나 안 하는 것은 내게 어려운 일이라서 매일매일 침대에서 일어나면 바로 화장을 한다.

'올바른 것'을 선택하는 데 실패하는 경우는 좀처럼 없는데, 어쩌다 뒤늦게 '이건 틀렸네.'라고 생각할 때가 있다. 그럴 때 나는 '이미 입은 거니까 어쩔 수 없지.'라고 그대로 두지 못한다. 너무 찝찝하기 때문이다. 그래서 '이건 틀렸네.'라는 생각이 들면 속옷부터 전부 갈아입는다. 그러는 건 종일 집에만 있을 때도, 외출할 때도 똑같다. 나에게 옷차림이란 타인에게 보여주기 위한 것이 아니라 나 자신을 그날 하루 동안 지키기 위한 것이다.

올바름에 지쳐버리다
───────────

앞서 적은 사정 때문에 나는 몸에 걸치는 것을 무척 소중히 다룬다. 언제나 쾌적하게 사용할 수 있는 상태가 아니면 불안하기 때문에 양말이든 손수건이든 속옷이든 벗으면 곧장 손빨래를 한다. 그래야 가장 깨끗한 상태를 유지할 수 있기 때문이다.

코트는 벗고 바로 옷걸이에 걸어서 단추를 모두 잠근 다음 빗질을 빠트리지 않는다. 구두를 신을 때는 반드시 구둣주걱을 쓰고, 집에 돌아와 구두를 벗으면 변형되지 않도록 슈 트리shoe tree를 끼운다. 비 내리는 날에는 꼭 우천용 신발만 신는다. 급작스레 비가 내리면 신발이 젖는 게 신경 쓰여서 택시를 타기도 한다. 스스로도 너무 예민하다고 생각하지만 그럴 수밖에 없다. 밖에서도 구두를 벗고 신을 수 있기 때문에 휴대용 구둣주걱도 항상 휴대한다. 몸에 걸치는 것만 따져도 나는 매일 이런 작업들을 하지 않으면 일상을 제대로 보낼 수 없다.

그 밖에 집 청소, 침구류 관리, 잠옷 등의 세탁에 관해서도 나만의 규칙이 있고, 그것들만으로도 녹초가 된다. 녹초가 되지만 그 규칙들 없이는 살아갈 수가 없다. 그 배경에는 '불쾌함을 없애기'와 더불어 발달장애 특유의 '반복을 통해 안도감 얻기'라는 이유가 있지 않을까 싶다.

이토록 많은 것에 얽매이니 지치는 게 당연하다고 스스로도 생각한다. 내 세계는 언제나 눈부시고, 색채들과 소음

들이 홍수처럼 넘쳐흐른다. 그리고 불쾌한 것, 올바르지 않은 것들이 사방에 널려 있다. 그런 곳에서 어떻게든 살아가려면, 아슬아슬하게 버틸 수 있는 영역까지 내 상태를 끌고 가려는 노력을 계속해야 한다. 그 노력을 오늘 하루만 하는 게 아니라 내일도, 모레도, 살아 있는 동안에는 쉬지 않고 해야 한다. 그 사실이 종종 나를 망연자실하게 만든다.

그의 한 마디

 아직 아이가 갓난아기였던 무렵, 우리 집에 방문한 보건사保健師*가 가지런하게 정리된 집 안을 보고는 "어질러져 있어도 괜찮아요. 어린 아기가 있는데 이렇게 깔끔하면 외려 답답해요. 먼지 때문에 사람이 죽지는 않으니까 좀더 편하게 육아를 하죠."라고 한 적이 있다.

 나는 집에 있는 물건의 수 자체를 줄이기 위해 소유물을 엄선했고, 모든 물건에 자리를 정해서 항상 철저하게 제자리에 두었다. 나는 일단 규칙을 정하면 그걸 지키는 것만큼

---

* 일본의 국가자격으로 간호사가 질병 치료에 관여한다면, 보건사는 관할 지역 주민의 보건 지도, 건강 관리, 신생아와 유아 검진 등을 한다.

은 정말 잘했기에 방은 언제나 질서 정연했다. 책장의 책은 종류별, 책등 높이별로 꽂아두었고, 베갯잇에는 주름 한 줄 없었다. 집 안을 그처럼 깔끔하게 정리해두지 않으면 외출할 수 없을 정도였다. 때로 나는 학교에 지각하더라도 방을 내 마음에 드는 상태로 만드는 걸 우선했다. 머릿속이 언제나 분주한 내가 잘 정리된 방에 몸을 두면 혼란이 억제된다는 것도 알았다.

아이가 어릴 적에는 내가 제어할 수 없는 소음으로 가득한 존재와 대치해야 했다. 그만큼 집 안 환경이 질서 정연하지 않으면 도저히 생활할 수 없었다. 당시 나는 가능한 세심하게 주의를 기울여서 집 안을 청소하고 정리했다.

태어난 직후의 둘째 아들은 안아주지 않으면 낮이고 밤이고 잠자지 않는 예민한 아이였다. 그래서 그때는 잠든 둘째를 등에 업은 채 바닥을 닦고 왁스를 칠했다. 항상 안아주어야 한다는 이유로 청소를 포기할 수는 없었다. 나는 지저분한 곳에서 쉬지 못하기에 아이를 업고서라도 방을 깨끗하게 청소해야 정신이 편안해졌다. 지금 생각해보면 확실히 좀 신경질적이었지만, 그래도 청소는 내게 생사를 좌우하는 중요한 수단이었다.

보건사가 한 말의 의미는 이해했다. 보건사라는 직업을

못된 부분이 있다. 그리고 그걸 타인에게 지적당하면 침울해진다.

회사에서 회계 처리를 맡았을 때는 수차례 숫자를 확인해서 괜찮다고 안심했다가 역시나 틀린 부분이 발견된 적이 있었다. 그때 나는 "숫자가 멋대로 바뀌었어. 이상하네."라고 해서 상대방을 당혹스럽게 만들었다. 당연히 숫자가 자기 맘대로 바뀔 리는 없지만, 내가 느끼기로는 숫자가 내게 아무런 양해도 구하지 않고 바뀐 걸로만 보였다.

툭하면 정신이 산만해지고 무언가를 하는 중에도 딴생각이 차례차례 샘솟아 천 갈래 만 갈래로 퍼져 나가서 금세 내가 지금 무얼 하고 있었는지 잊어버린다. 그래서 이 책의 원고를 쓸 때는 25분 작업하고 5분 휴식하는 포모도로 기법 Pomodoro Technique*을 따르는 타이머를 모니터에 띄워놓고 있다. 이 타이머대로 25분 동안은 원고 집필만 하겠다고 규칙을 세운 덕분에 '어, 그 약속 언제였지?'라든지 '그 책 제목이 뭐였더라?'라든지 '메일 확인해야지.' 같은 온갖 딴생각과 충동에서 해방되었다.

내 충동 중에는 조용한 장소에서 크게 소리 지르거나 돌아다니고 싶어하는 것도 있다. 특히 관혼상제처럼 엄숙한

---

* 집중력과 효율성 향상을 위해 1980년대 말에 개발된 시간 관리 기법.

상황에서 그런 충동이 더욱 잘 일어나는데, 때로는 그걸 억누르려고 매우 고생한다. 전에 아이의 졸업식에 참석했을 때도 일어서서 소리 지르고 싶은 충동을 억누르기 위해 나 자신에게 손에 쥔 졸업식 식순을 퇴고하는 작업을 부과하여 필사적으로 몰두했다. ADHD 치료약인 콘서타를 복용해본 적도 있지만, 심장 고동이 평소보다 격해지는 부작용이 있어 지금은 먹지 않는다.

어린 시절에는 정리정돈을 못 했다

어릴 때부터 무언가 깜박할 때가 많았다.

초등학생 때 담임 선생님이 준비물과 숙제를 자주 잊어버리는 학생들을 칠판 앞으로 불러낸 적이 있었다. 4학년 때 일이었다. 이것저것 깜박할 때가 많은 내 이름도 불렀다. 칠판 앞으로 나간 학생들은 나 외에 전부 남자였고, 여자는 나밖에 없어서 몹시 창피했다. 선생님은 한 사람씩 좌우의 관자놀이를 붙잡고는 비틀듯이 위로 들어올렸다. 실내화를 신은 발이 나무 바닥에서 떠올랐다. 아프기보다 부끄러웠다. 자꾸 깜박하면 꾸중을 듣고, 부끄럽고, 힘드니까 그러지 않으려고 했지만, 어떻게 해도 나아지지 않았다. 틀림없이 가방에 넣은 것 같은 체육복과 교과서가 학교에 가서 보면 없는 일이 일상다반사였다.

정리도 못 했다. 눈앞의 물건을 보이지 않게 치우는 것밖에 하지 못하는 탓에 교실 책상 서랍은 언제나 잡동사니로 꽉 차 있었다. 학기 말에 책상 서랍을 비우라는 말을 들었을 때, 내용물을 꺼내기가 무서웠다. 나 자신도 대체 무엇이 들어 있는지 몰랐으니까.

선생님이 억지로 내 서랍에서 내용물을 꺼내 책상 위에 늘어놓았다. 내 근처에 앉은 남자애가 "우왁!"이라고 외쳤다. 책상 위에 파란 곰팡이로 뒤덮인 급식용 빵이 몇 개나 놓였기 때문이다. 거기에 꾸깃꾸깃한 시험지, 숙제 유인물 등이 있었다. 용케 이렇게 많이도 넣었다고 감탄할 만큼 책상 위에 잡동사니가 쌓였다.

나는 여러 일을 제대로 처리할 수 없기 때문에 일단 시야에 들어오는 물건을 줄이는 방식으로 대처했던 것 같다. 그 결과가 서랍에 처박혀 있던 빵과 유인물이었다. 그것들은 시야에서 사라지는 것과 동시에 내 머릿속에서도 완전히 없어졌다. 그 때문에 나중에 다시 꺼내서 꾸중을 듣거나 어떻게 좀 하라는 말을 들어도 나로서는 어쩔 도리가 없었다.

그때도 무척 창피했기 때문에 그 후 급식으로 빵이 나오면 책상 서랍이 아니라 가방에 집어넣었다. 가방 속도 난장판이었기 때문에 빵은 매번 납작하게 찌부러졌지만, 책상 속에서 곰팡이로 뒤덮이는 것보다는 나았다. 유인물은 변함없이 그날그날 책상 속이나 가방에 쑤셔넣었는데, 종이는 곰팡이가 슬지 않아서 별다른 문제는 없었다.

눈앞에서 사라진 물건을 그 즉시 잊어버리는 경향이 없어진 것은 아니었기 때문에 그 뒤로도 곤란한 일들이 있었다.

중학교에 입학해서 도시락을 갖고 다니기 시작했는데, 집에 돌아와서 빈 도시락통을 내놓는 걸 잊어버렸다. 가방에 빈 도시락통을 넣은 채 며칠씩 등하교를 했다. 그래도 도시락통을 눈치채지 못했다. 아니면 뒤늦게 깨달아서 꺼내야 한다고 생각해도, 도시락통을 가방에서 꺼내 방에 내팽개치기만 했다. 내팽개친 순간 도시락통은 머릿속에서 사라졌다. 그런 일들이 반복되면서 방과 가방에 씻지 않은 도시락통이 몇 개씩 있게 되었다. 몇 주 뒤에 조심조심 도시락통을 열어보니 곰팡이가 잔뜩 슬어서 아무리 닦아도 곰팡이 색이 빠지지 않은 적도 있었다. 그런 식으로 나는 많은 도시락통을 못 쓰게 만들었다.

어릴 적에는 정리를 못 했지만, 열네 살에 백혈병으로 입원 생활을 하면서 나는 정리할 줄 아는 사람이 되었다. 언제 죽을지 모르니까 누가 봐도 괜찮게 해두어야 한다는 강박관념에 가까운 생각을 품게 된 것이다. 요즘은 외려 다른 사람들이 내 특기가 정리정돈이라고 여길 때가 많다. 본질적인 부분은 전과 다름없지만, 규칙을 준수하고 루틴을 반복하는 진짜 특기 덕분에 정리정돈이 마치 특기인 것처럼 보이게 되었다고 생각한다.

흩어진 몸을 한데 모으기 위해

나는 내 몸에도 독특한 감각을 갖고 있는 것 같다. 내 몸을 스스로 잘 느끼지 못한다. 기억에 따르면 어릴 때부터 그랬다.

내가 느끼는 신체의 각 부위들은 하나의 상을 이루지 못하고 여기저기 흩어져 있다. 내 가장 오래된 기억은 두세 살 때에 어머니와 손을 잡고 걸었던 장면인데, 그때 어머니와 잡은 내 손이 꽤 멀고 높은 위치에 있다고 느꼈던 것이 기억난다.

지닌 사람이 어린아이를 기르는 엄마를 대할 때 보통 그러듯이 "힘내지 않아도 괜찮아요. 우선 긴장을 풀어요."라고 선의로 말한 것이었겠지. 하지만 나는 그 말에 큰 상처를 입었다. 작디작은 갓난아기를 품에 안고 살아가려면, 나는 방을 정리해서 시각적으로 거슬리는 부분을 최대한 없애야 했다. 그래야 집에 있을 수 있었다. 그러지 않으면 정신이 이상해졌을 것이다. 하지만 내가 어떤 말을 해도 보건사에게 가닿을 것 같지는 않았다. 나는 그저 입을 다물고 있을 수밖에 없었다.

나는 부주의하고 충동적이라는 자각

병원에서 주의력결핍 과잉행동장애이후 ADHD라는 진단을 정확히 받지는 않았지만, 스스로 부주의한 경향이 퍽 강하다고 생각한다. 일단 글을 쓸 때 오탈자가 많은 데다 내가 쓴 글을 찬찬히 다시 읽어봐도 어디가 잘못되었는지 도무지 찾지 못한다. 그래서 일과 관련한 원고나 누군가에게 보여주기 위해 쓴 글을 건넬 때 잔뜩 긴장한다. 몇 번씩 다시 읽어서 잘못된 부분이 없다고 확신해도, 꽤 높은 확률로 잘 내 얼굴을 봐도 나라는 느낌이 들지 않는다. 그래서 내게 거울을 보는 것은 꽤 고통스러운 일이다. 최근 들어 조금씩 거울을 볼 수 있게 되었지만, 세안 전후와 화장수를 바를 때도 줄곧 얼굴을 보지 않으면서 했다. 외출한 날 화장실에서 다른 여자들이 거울 속 자신을 뚫어지게 응시하며 화장하는 모습을 볼 때마다 대단하다고, 어떻게 저렇게 자기 얼굴을 바라볼 수 있을까 감탄했다.

내 몸의 윤곽도 한 줄기 선으로 이어지지 않은 것 같아서 어디부터 어디까지가 내 몸의 범위인지 잘 모른다. 그래서 무언가에 닿았을 때 언제나 내 생각과 다른 곳에 내 몸의 끝이 있다. 그것이 나를 불안하게 한다. 불안하게 할 뿐 아니라 생각과 실제가 많이 다른 탓에 어린 시절부터 툭하면 여기저기에 부딪쳤다. 그래서 내 몸에는 언제나 멍이 들어 있었다. 몸에 대한 감각이 흐릿한 게 얼마나 큰 원인인지는 모르지만, 운동도 정말 못해서 학창 시절에는 체육 수업을 가장 싫어했고 성적도 처참했다.

몸이 제각각 흩어져 내게서 멀어지기 일쑤이기 때문에 몸의 윤곽선이 내게서 멀어지면 매우 불안해진다. 오랫동안 섭식장애로 살찌는 것을 두려워했는데, 그 이유 중에는 '살찌면 내 윤곽선이 더욱 내게서 멀어지고 만다.'라는 것도 있었다. 살이 찌면 찔수록 몸이 커져서 내 윤곽선이 중심으로부터 멀어진다. 그럴 때 나는 강한 불안감을 느낀다. 몸의 윤곽선이 중심과 가까울수록 안심한다. 내 섭식장애에는 발달장애 경향도 영향을 미쳤으리라 생각한다.

오류를 메우기 위해

내 몸을 스스로 느낄 수 없어 불안이 심해지면, 때때로 몸에 걸친 것들을 전부 벗어던지고 이불 속으로 들어간다. 그러면 몸에 닿는 것이 이불 한 장밖에 되지 않아 몸의 윤곽선을 한 줄기로 느끼기 한결 쉬워진다. 그 상태에서 옆에 누운 남편 곁으로 파고들 때도 있다. 알몸으로 타인과 닿으면 내 몸의 윤곽이 더욱 뚜렷해지는 것 같기 때문이다. 계절에 따라 알몸으로 잠자면 감기에 걸릴 수도 있고, 옷을 벗고 입는 게 귀찮기도 해서 매번 그러지는 않는다.

그래도 그런 식으로 나는 몸에 대한 흐릿한 감각을 메우려고 한다. 몸에 대한 감각이 지나치게 흐릿해지면 몸이 두둥실 지면에서 떠올라 허공을 걷는 듯한데, 그럴 때 '죽고 싶다'가 닥쳐오면 평소보다 그 충동으로 더욱 쉽게 빨려 들어갈 것 같아서 두렵기 때문이다.

내 얼굴도 나라고 느끼지 못하는 것은 내가 어디에 있는지, 내가 누구인지 알 수 없게 만든다. 예컨대 SNS 등에서 쓰는 프로필이 내 실제 모습과 다르면 내가 무엇이었는지도 모르게 되어버린다. 그래서 나는 사진 촬영을 꺼림에도 모든 SNS 프로필에 공통으로 내 사진을 사용하고 있다. 사진은 정기적으로 바꾸고, 헤어스타일 등에 변화가 있으면 반드시 사진을 새로 찍어서 모든 프로필을 갱신한다.

나는 유아 시절부터 꽤 증상이 심한 아토피 피부염을 앓았는데, 몇 년 전부터 스테로이드 연고가 듣지 않는 탓에 두필루맙^{dupilumab}이라는 유전자 재조합 약물을 정기적으로 자가 주사하는 치료를 받고 있다. 그때까지는 항상 피부에 가려움과 염증이 있었지만, 새로운 치료 덕분에 가려움과 염증이 없어져서 생활이 한층 보통에 가까워졌다. 피부라는 몸의 윤곽에 오류를 일으키는 질환을 오랫동안 앓았다는 것은 몸을 잘 느끼지 못하는 내게 무언가 상징적인 일 같다.

공감해주었으면, 이해해주었으면

이렇게 글로 쓰고 보니, 대다수 사람들과 비교할 때 나는 오감과 관련한 부분이 세계를 다르게 인식한다는 것을 알겠다. 오감 중에서도 나만의 독자성을 느끼거나 어려움을 겪는 것은 시각, 청각, 촉각이다. 후각과 미각 관련해서는 딱히 힘들다고 느낀 적이 없는 것 같다. 하지만 그 역시 아직 내가 깨닫지 못했을 뿐인지도 모른다. 이처럼 현대 사회의 온갖 상황에서 오감과 관련한 적응장애를 겪는 것이 내가 경험하는 발달장애다.

적응장애라는 한 단어로 뭉뚱그렸지만 사람 수만큼 서로 다른 경험이 있을 것이다. 그래도 내 글을 통해서 다른 사람들도 내가 경험하는 세계를 엿볼 수 있다면 기쁘겠다. 왜냐하면 나는 언제나 외롭고 쓸쓸하기 때문이다. 내가 경험하는 세계에 외톨이로 있는 것 같아서.

공감해주었으면 좋겠다, 이해해주었으면 좋겠다. 이런 바람은 사람의 삶에서 가장 기본적인 욕구다. 나는 지금 이 글을 읽는 당신에게 공감받기를, 이해받기를 바란다. 그런 바람은 발달장애인에게도, 정형발달인에게도 똑같이 있을 것이다.

2부

더욱더 파고들기

쓸쓸하다

쓸쓸해. 쓸쓸해. 너무나, 쓸쓸해.
어째서 나는 쓸쓸할까.
모른다. 모르지만, 너무 쓸쓸해. 나만 쓸쓸할까, 모두들
나만큼 쓸쓸할까. 모두와 비교해서 어떤지는 모르지만,
내가 몹시 쓸쓸한 것은 분명하다.

쓸쓸한 건 언제?

내가 지금 어디에 있는지, 이따금씩 잘 모르겠다.
장을 본 물건으로 꽉 찬 에코백을 들고 집으로 돌아갈 때.
일찍 일어나서 해도 뜨기 전부터 도시락 반찬을 만들 때.
아이의 학교에서 진로 설명을 들을 때.
내가 있는 장소만이 아니라 내가 정말로 존재하는지,
내 몸이 실재하는지도 모를 때가 있다. 그러려는 조짐이

보일 때, 내 손발이 무척 멀리 떨어진 것처럼 느껴진다. 걸을 때도 내 발이 땅바닥이 아니라 공기가 가득한 푹신푹신한 풍선 위를 밟는 것만 같다. 그리고 내 몸의 윤곽선이 점점 내게서 멀어지는 것 같다.

사람 때문에 쓸쓸해

너무나 쓸쓸할 때, 그건 어떤 때일까. 가장 최근에 쓸쓸함이 치밀었던 때를 떠올려본다.
첫 번째, 아이의 학교 보호자 모임에 갔을 때.
나는 모임이 시작되기 직전까지 이어폰의 노이즈 캔슬링 기능을 켜놓고 작게 음악을 들었다. 실은 계속 그러고 싶었지만, 그럴 수는 없기에 모임이 시작되자 이어폰을 정리하고 등을 곧게 펴며 의자에 고쳐 앉았다. 다른 보호자들은 모두 차분한 색상의 정장을 입고 있었고, 얼핏 봐도 교양 있는 어머니라는 분위기가 느껴졌다. 나만 너무 동떨어지지 않았을까 걱정이 들었다.
진로 지도에 관한 이야기, 다음 운동회에 관한 이야기 등을 들었다. 주위 사람들은 열심히 들으면서 메모까지 했다. 나도 메모하는 게 좋을까 생각했지만, 무엇을 적으면 될지도 알 수 없어서 멍하니 있었다. 멍하니 있으니 불현듯 정신이 어딘가로 날아가버려서 내가 지금 어디 있는 건지도 알 수 없었다. 내 몸이 점점 투명해지는 것 같았다.
왜 나는 다른 사람들처럼 메모하면서 진지하게 설명을 듣지
못할까? 어째서 착실한 엄마처럼 못 할까?
갑자기 남자를 만나고 싶었다. 이상했다. 왜 이런 때 갑자기
남자 같은 걸 만나고 싶을까.
뱃속이 차갑게 식었고, 쓸쓸하다는 생각이 들었다. 너무
쓸쓸하다고, 생각했다. 쓸쓸해, 쓸쓸해, 괴로워, 괴로워.
도저히 참을 수 없어서 스마트폰을 꺼내 메시지를 보냈다.
"만나고 싶어. 가장 빨리 만날 수 있는 건 언제야?"라고 적고
바로 발신했다. 아아, 보내고 말았어. 저질렀다는 생각이
들었다. 하지만 그와 동시에 조금 안도하기도 했다. 무엇이
쓸쓸하고, 무엇이 괴로운 걸까. 어째서 참지 못했을까.
무엇을 참으려 하는 것일까. 많은 것들을 알 수 없었다.
또 다른 쓸쓸할 때. 누군가와 만나서 왠지 제대로 말할 수
없을 때.
누군가와 만나는 건 무척 기쁜 일이다. 그 사람이 나와
시간을 함께 보내도 괜찮다고 생각해주었다는 점이 기쁘다.
하지만 함께 있는 시간이 언제나 즐겁지는 않다. 모든
만남이 내가 자발적으로 만나려고 해서 이뤄지는 것은
아니니까.
이를테면 아이 학교의 보호자 친목회 같은 만남. 어떻게
해도 대화가 잘 이어지지 않아서 말해도 된다고 여겨지는
영역이 점점 좁아지는 느낌이 들 때가 있다. 그럴 때는

모임이 끝난 후에 몹시 쓸쓸해진다. 쓸쓸할 뿐 아니라
무척 괴롭기도 하다. 그리고 갑자기 몸속에 참을 수 없는
불편함이 느껴진다. 아까 만난 사람과 함께 먹고 마신
음식을 몸속에 담아두지 못할 것만 같다.
결국 참지 못하고 화장실로 뛰어가 토한다. 가능한 전부
토한다. 남김없이 토한 것 같으면 그제야 겨우 조금 안심
한다. 비로소 나는 괜찮다는 생각이 든다. 내가 무엇에
불편함을 느끼고, 토한 다음 무엇에 안심하는지는 모른다.
모른다. 그리고 그 안심은 오래가지 않는다. 역시 안심이
아니다. 쓸쓸해.

물건처럼, 고깃덩어리처럼

남자에게 연락하면 대부분의 남자가 곧장 친절하게 답장을
보낸다. 곧 만날 약속을 잡는다. 나는 그 시점에 벌써 좀
지친다. 조금도 그 사람을 만나고 싶지 않아. 내면의 또 다른
내가 그렇게 생각하는 것을 알고 있다. 그런데도 도저히
만나지 않을 수 없다.
만나도 대화하거나 밥을 먹지는 않는다. 그런 건 전혀 하고
싶지 않으니까. 나는 그 사람을 전혀 좋아하지 않는다.
나는 그 사람에게 물건처럼 다뤄진다. 그래서 나도
그 사람을 물건처럼 다루겠다고 유념한다. 그 사람도 나를

전혀 좋아하지 않는 걸 알고 있다. 그런데도 (아니, 그래서일까?) 나는 무척 주의 깊게 그 사람과 섹스를 한다. 그 사람이 무척 만족한다는 걸 알 수 있다. 그에 반비례하듯이 내 몸과 마음은 점점 차갑게 식는다. 어차피 하는 거 쾌감을 느끼면 좋을 텐데. 그렇게 생각하면서 연기를 한다. 따분하네, 나는 왜 이런 짓을 하고 있을까. 뱃속이 싸늘해진다.
나를 더 이상 만지지 않으면 좋겠다고 생각한다.
나는 침대에 누워 있지만 내가 다른 곳에 있는 것 같다. 마음이 몸에서 빠져나가 침대에 누워 있는 나를 위에서 내려다보는 것만 같다. 알몸으로 다리를 벌리거나 서로 가슴과 배를 딱 붙이고 움직이는 모습이 우스꽝스럽게 보인다. 빨리 끝나면 좋겠다고 생각한다. 그 사람이 기계적으로 움직이는 걸 보면서 빨리 사정해서 이 시간이 끝나면 좋겠다고 생각한다. 나는 어떻게 되면 이게 끝날까 생각한다. 틀림없이 어떤 식으로도 끝나지 않을 것이다. 남자와 헤어진 뒤, 만나기 전보다도 훨씬 쓸쓸하다. 역시 의미 없구나, 하고 생각한다. 의미 없는 것에서 나아가 유해하기 그지없지 않은가. 내 마음은 만나기 전보다
훨씬 끔찍하다.
어디로 돌아가야 할지도 모르겠어서 망연자실할 뿐이다. 플랫폼에 서서 전철을 기다리고 있으니, 선로에 뛰어들고 싶다. 전철 도착을 알리는 안내 방송이 울린다. 지금 선로에

뛰어들면, 나는 몇 개나 되는 고깃덩어리로 나뉠까. 그렇게 하면 그 남자에게도 내가 고통스럽다고, 내가 무언가에 항의하고 싶은 거라고, 전해질까. 아니, 틀림없이 전혀 모를 것이다.

전혀 모를 것을 알기 때문에 나는 그저 말없이 그 사람과 만난다. 만약 내가 그 사람과 마주 앉아서 가져온 소설이나 시집이나 단카집을 한참 동안 낭독하면 어떨까. 그런 상상을 한다. 그러는 것이 섹스보다 즐거울 것 같다. 하지만 그 사람은 왜 시 같은 걸 들려주는지 전혀 이해하지 못할 것이다. 나는 소리 내어 읽는 그 말이 세상 어디에도 닿지 않는다는 것을 머지않아 깨닫고, 더는 낭독하지 않을 것이다.

플랫폼에 전철이 들어온다. 내 뱃속에서 무언가 힘이 치밀어 몸을 앞으로 움직이려 한다. 그 힘을 간신히 버틴다. 목덜미가 서늘해진다. 전철에 올라타면서 나는 또다시 남자에게 연락을 하고 싶어진다. 아니면 몸속에 있는 걸 전부 토해내고 싶다는 충동이 나를 사로잡는다. 죽고 싶어, 죽고 싶어, 죽고 싶어. 죽고 싶다는 마음이 덩어리가 되어 몸속을 무겁게 메우는 것 같다. 그리고 아무것도 생각할 수 없다.

'먹는 것'과 '성적인 것'의 공통점

나는 언제나 생각한다. 나는 왜 이런 걸까? 무엇이 쓸쓸하고, 어째서 죽고 싶은 걸까? 나는 정말로 죽고 싶은 걸까? 그런 생각을 하다 보면, 아니, 실은 절실하게 살고 싶은 것 아닐까, 하는 생각이 든다. 나는 정말로 살고 싶지만, 어떻게 해야 정말로 살 수 있는지 몰라서 어찌할 바를 모르는 것이 아닐까?

먹는 것, 성적인 것의 공통점은 모두 인간 행위의 중심에 있다는 것 아닐까. 즉, 삶에 직결되어 있는 것. 그리고 그 두 가지는 모두 자신이 아닌 것(타자)을 받아들여서 자신과 융합시키는 일이다. 아무래도 나는 그 단계에서 문제가 발생하는 것으로 추측된다. 그래서 나는 항상 삶이 버겁다고 느끼고, 불안해서 쓸쓸해하는 것 아닐까? 하지만 그렇다면 이유는 무엇일까?

한 가지 이유는 내가 자신의 몸, 윤곽을 제대로 인식하지 못하기 때문이라고 생각한다. 내 몸을 제대로 인식할 수 없는데, 타자를 받아들이는 건 당연히 무리일 것이다. 거기서 한 발 나아가 융합이라니 가능할 리가 없다.

여기까지 적고 나는 몹시 고통스러워졌다. 화장실에 가서 마시던 커피를 토했다. 토하는 도중에 물을 마시면서 몸속이 텅 빈 굴처럼 느껴질 때까지 토했다. 괴로웠다.

나는 더욱더 마르고 싶어하는 마음이 내게 있다고 생각한다. 그건 사춘기 때 품었던 '마른 게 예쁘다.'라는 생각과는 좀 다르다. 이제는 예뻐지기 위해서 마르고 싶다고는 생각하지 않는다. 그게 아니라 마르면 그만큼 내 윤곽이 나와 좀더 가까워지기 때문이다. 나의 경계선이 타자가 아니라 나와 가까워지는 것이다. 그러면 나는 안심할 수 있다. 그와 반대로 살이 쪄서 내 윤곽이 나로부터 멀어지면 불안해진다. 또한 계속 마르다 보면 점점 나의 분량이 줄어들어서 연기가 흐릿해지다 사라지듯이 언젠가는 나 또한 없어질 수 있지 않을까 생각한다. 그처럼 내게는 사라지는 것에 대한 동경이 있는 것 같다.

담아둘 수 없을 때, 담아둘 수 있을 때

그러고 보면 작년 여름, 이유는 모르겠지만 살이 쪘다. 점점 체중이 늘어나서 최근 수십 년을 통틀어 가장 무거워졌다. 이 원고를 쓰는 오늘 아침 체중이 47킬로그램인데, 그때는 54킬로그램 정도였다. 당시에는 나이를 먹으면서 기초 대사량이 줄어드니 어쩔 수 없다고 생각했다. 하지만 불안했다. 살이 찌면 나의 윤곽이 생각보다 나로부터 멀어진다. 몸이 내게서 멀리 떨어져 있는 듯해서 불안했다. 그런데 앞서 언급한 행정입원을 계기로 점점 살이 빠졌다.

살이 빠지니 역시 안심이 되었다. 내 몸이 나와 가까이 있는 듯했다. 내 몸이 타인과 떨어져 있으니 누구도 침범하지 못할 것이라고 안심했다. 그런 감각이 확실히 있었지만, 내가 생각해도 매우 이상하다. 살이 찌든 마르든, 타인과 나 사이의 거리는 변함이 없는데 말이다.
또한 위 속에 음식이 들어가 있는 느낌은 내게 살찐 상태와 똑같은 불안을 불러일으킨다. 내 몸이 팽창되어 멀리 있는 듯이 느껴진다. 그러면 그 느낌을 없애서 안심을 얻고 싶어진다. 아까 커피를 전부 토하고 싶었던 것도 그 때문 아닐까. 내 속에 받아들이려고 마음먹지만, 도저히 그걸 담아둘 수가 없다.

항상 그렇지는 않다. 바로 지난주에 나는 먹고 담아둘 수 있었다.
기운이 없어서 저녁밥을 짓기도 먹기도 싫었다. 가족들이 먹을 음식만 간단히 만들고 나는 건너뛸까 생각했다. 내게는 가끔 그런 날이 있다. 소파에서 빈둥거리는데 남편이 오랜만에 외식하러 가자고 했다. 나는 먹고 싶지도, 나가고 싶지도 않았지만 남편이 강하게 권해서 가게 되었다. 우리가 간 곳은 벌써 5년 넘게 가지 않았던, 예전에는 좋아해서 이따금씩 갔던 식당이었다. 그곳에서 다양한 음식을 먹었다. 즐겁고, 맛있고, 고마웠다.
그날은 담아둘 수 있었다. 괜찮았다.

여자라서 싫은가?

담아두지 못하는데, 어째서 나는 일단 내 안에 넣는 것일까? 이 의문은 처음에 식사와 관련해서 떠올린 것인데, 점차 '어? 섹스도 마찬가지 아닌가?'라는 생각이 들었다. 나는 상대방을 받아들여서 융합하지 못하는데, 어째서 그렇게 섹스를 하고 싶어할까? 자해적인 섹스는 내게 어떤 의미가 있을까?
먹는 것과 성적인 접촉에서 일어나는 부조화에 관해 생각하는데, 불현듯 내가 여성이라는 사실이 머릿속에 떠올랐다. 내가 남성이었다면…. 만약 그랬다면, 양상이 전혀 다르지 않았을까?

나는 여자라서 괴로운 경험을 해왔을까? 모르겠다. 그런 생각을 하다가 오늘 아침 일이 떠올랐다. 나는 새벽 5시에 일어나서 아이들의 도시락을 만들었다. 어젯밤에 정리해두었던 부엌은 그 뒤에 누군가 무엇을 먹었는지 그릇이 싱크대에 방치되어 있었고, 식탁에는 마시다 남은 차가 담긴 유리컵 세 개와 텅 빈 보리차 병이 그대로 놓여 있었다. 그것들을 치우고, 건조대와 식기세척기에 있는 그릇들을 정리하면서 나는 무언가가 넘칠 듯한 기분이 들었다.
언제부터 내가 가장 먼저 일어나 가족을 위한 일을 하게 되었을까. 역할 분담에 대해 이야기한 적은 없으니 남편도, 그리고 나 자신도 다 그런 법이라고 생각해왔던 것이다. 하지만 아내일 것, 어머니일 것, 여자일 것, 그와 관련하여 사회에서 요구하는 것들이 내게는 언제나 무거운 짐으로 느껴졌다. 남편의 본가에서 아내로 있는 것, 아이의 학교에서 어머니로 있는 것, 백화점의 화장품 매장에서 여자로 있는 것. 나는 그 모든 것으로부터 도망치고 싶다는 충동에 휩싸이곤 했다.

나는 여자라는 사실이 참을 수 없이 싫은 걸까?
아니, 결코 싫지만은 않다. 어쨌든 나는 나로서 (여자라는 사실까지 포함해서) 절실하게 살아가고 싶은 것 아닌가? 먹는 것과 성적인 행위는 전부 삶과 직접적으로 연결되어 있으며, 전부 몸에 깊이 관여하는 것이다. 거기에 내가 얽매이는 것은, '역시 살고 싶어!'라는 바람과 그 바람에서 비롯되는 오류 때문에 '역시 나는 살 수 없는 걸까?'라고 생각하는 것에서 생겨나는 허무함과 쓸쓸함이 아닐까?

오류의 원인, 몇 가지

그 오류의 원인은 아마도 한 가지가 아닐 것이다.
몸에 관해서 나는 '몸을 계속 잃고 있다.'라는 생각을 품고 있다. 내 몸을 잘 느끼지 못하는 주요한 이유로는 일단 발달장애 경향이 있을 것이다. 자기 몸인데도 왠지 타인처럼 서먹서먹해서 내 경계가 모호하며 불확실하다고 느낀다.
두 번째 이유는 백혈병. 오랫동안 내 몸은 의료의 관리를 받았다. 그 경험이 나에게 '몸은 물질'이라는 감각을 주지 않았을까? 타인의 개입을 받고 관리를 당한 경험이 본래 몸에 있어야 하는 '이것이 나다.'라는 확신을 흐리게 만든 것 같다.
세 번째 이유. 여성으로서 온갖 상황에서 사회가 내게 역할을 요구해온 것. 내 부모님은 둘이 함께 회사를 경영했다. 부부가 가정과 일을 공유하는 것은 훗날 나도 남편과 경험했기 때문에 무척 힘들다는 걸 안다. 어떤 의미로 건조하고 대등해야 하는 사업 파트너인 두 사람이 가정 내에서 남편과 아내, 아버지와 어머니라는 역할을 동시에 가지면 애증이 뒤얽힌 불화가 일어난다. 그 불화 한가운데에 있던 나는 두 사람의 관계를 지키는 것이 내 역할이라고 생각했다. 그래서 때로는 아버지에게, 때로는 어머니에게 가서 이야기를 듣고, 위로해주고, 필사적으로 둘의 관계가 끊어지지 않도록 노력했다. 그런 노력을 어머니에게도, 아버지에게도 했다. 지금 돌이켜보면 나는 두 사람이 원하는 돌봄을 제공했던 것이다.
어른이 된 뒤에는 아내이면서 어머니여야 한다는 사회의 요구에 부응하려고 노력했다. 나는 얼핏 보면 꽤 좋은 아내이자 어머니였다. 집안일을 완벽하게 해내고, 남편의 도시락을 만들고, 아이들에게 그림책을 읽어주고, 요리와 간식을 직접 만들고, 아이들의 옷까지 지었다. 오히려 지나치게 좋은 아내이자 어머니였는지도 모른다.
내가 그러는 것은 주위의 요청을 민감하게 받아들이면서 최대한 부응하려고 노력했던 어린 시절과 관계가 있다고 생각한다.

갈기갈기 찢기다

성인이 되어서 부모님께 "나는 계속 힘들었다."라고 말한 적이 있었다. 벌써 10년이나 지난 일이다. 그 무렵 나는 몸 상태가 몹시 나빴고, 정신과 병원에 입원과 퇴원을 반복했다. 몸이 왜 이런지 알 수 없었다. 그때, 어린 시절의 일이 힘들었다고 처음으로 생각했다. 용기를 쥐어짜서 부모님께 이야기했다.
그렇지만 부모님께 내 이야기가 가닿았다는 느낌은 들지 않았다. '네가 힘들었을 수도 있지만, 우리도 힘들었다.' 같은 말을 들었던 것으로 기억한다. 나는 나만 힘들었다고 투정 부린 듯해서 부끄러웠다. 내가 정말로 어릴 적에 힘들었는지도 알 수 없게 되었다.
그때 나라는 존재가 갈기갈기 찢겼다고 느꼈던 것 같다.
나는 지금도 부모님을 만나면 내가 갈가리 찢길 것 같다고 느낀다. 그와 동시에 그렇게 느끼는 나 자신이 잘못된 것 같아서 양심에 가책을 느낀다.

아무리 해도 알아주지 않겠지

여기까지 쓴 글을 보니, 한 가지 신경 쓰이는 표현이 있다. 바로 '갈기갈기 찢다'. 내가 거듭해서 떠올리고 마는, 철도 선로에 뛰어들어 자살하는 것은 그야말로 '갈기갈기 찢기는 것'이 아닐까?
지금까지 나는 몇 번이고 갈기갈기 찢어지지 않았을까? 그런 내 마음을 알아주는 사람은 단 한 명도 없지 않았나? 그래서 나는 오랫동안 혼자서 거듭거듭 확인해온 것이 아닐까? 먹고 토하는 것, 원하지도 않는 자해적 섹스를 하는 것, 나는 그럼으로써 '봐, 나는 역시 갈기갈기 찢어졌어, 내 착각이 아냐, 난 틀리지 않았고 정신 나가지도 않았어.' 라고 확인해온 것이 아닐까?
그렇지만 그런 걸 확인해봤자 '역시 나는 갈기갈기 찢겼어.' 라는 사실을 알게 될 뿐이다. 게다가 아는 사람은 나밖에 없으니 그 자체로 참을 수 없이 고독할 것이다. 쓸쓸하고, 허무한 행위겠지. 내 쓸쓸함의 정체는 이와 관련이 있지 않을까?
혹시 선로에 뛰어들어 '갈기갈기 찢긴' 상태가 되는 것은,

내 나름 최대한의 저항, 항의는 아닐까? 다들 없다고 치부한 내 상처를 '이거 봐, 이제 잘 알겠지?'라고 모두에게 보여주는 것이 아닐까? 나는 그런 저항을 하는 자신을 상상하면서 그런 저항밖에 하지 못하는 자신과 그런 짓을 해도 틀림없이 알아주지 않을 이 세계에 절망하고 있지 않을까? 그것이 참을 수 없이 쓸쓸하고 허무한 것 아닐까?

2

죽고 싶다

'죽고 싶다'가 닥쳐온다.

나는 생각한다. 아, 또 왔어. 나의 '죽고 싶다'는 언제나 외부에서 다가온다.

정신과 진료 등에서 "죽고 싶은 마음이 있나요?"라든지 "자살성 사고가 있습니까?"라는 질문을 받는데 나는 그 질문 방식에 좀 의문이 있다. 왜냐하면 그 질문의 의미를 고려하면 나의 내면에 '죽고 싶다'가 있다는 것 같기 때문이다. 죽고 싶다고 생각하는 사람은 그 내면에 '죽고 싶다'를 지니고 있을까?

당연하지만 나는 활기차고 즐겁게 살아가고 싶다. 그런 삶을 원하기에 지치지 않도록 마음이 동요하지 않도록 꺼리는 것은 피하려고 신경 쓰면서 '오지 말아줘.'라고 바란다. 하지만 그럼에도 '죽고 싶다'는 전조도 없이 닥쳐온다. 멋대로 들이닥친다. 그 때문에 그토록 안하무인인 놈이 내 내면에 있다는 말을 들으면 '아뇨, 없어요.'라고 부정하고 싶다.

괴로워, 더 이상 생각하기 싫어

'죽고 싶다'란 어떤 녀석인지, 가능한 자세히 관찰해보자. 우선, 크기는 대략 시바견 정도. 전체적으로 까맣고 형태는 타원형에 윤곽선은 불분명하게 흐릿하다. 손발은 없고, 검은 덩어리가 조용히 미끄러지듯이 이동해서 내게 다가온다. '죽고 싶다'는 손발이 없지만 칼날이 긴 식칼을 지니고 있고, 그걸로 내 옆구리를 천천히 찌른다. 그러면서 까맣고 흐릿한 몸을 내게 밀어붙인다. 내 몸도 윤곽선이 흐릿하기 때문에 '죽고 싶다'의 몸과 내 몸이 서로 구별할 수 없게 되고, 내 몸은 '죽고 싶다'에 뒤덮여서 무거워지고 만다.

'죽고 싶다'는 올 때와 마찬가지로 언제 갈지도 알 수 없다. 나는 무겁고 검은 몸에 짓눌리는 동시에 긴 칼로 찔려서 몹시 고통스럽다. 그 고통이 셀 수 없이 반복되면 점점 여러 가지를 알 수 없게 된다. 죽기를 바라는 것은 나일까, 아니면 '죽고 싶다'일까? '죽고 싶다'는 어째서 내게 오는 것일까? 전부 알 수 없다.

그리고 이게 언제나 어려운데, 고통 탓에 점점 무기력해져서 생각을 할 수 없게 된다. 극도로 피폐해져서 더 이상 생각 따위는 싫고, 고통스럽다는 생각조차 싫다고 생각하고 만다. 그럴 때 내 속에는 '죽고 싶다' 때문에 까맣고 묵직해진 일부가 존재하고, 그 일부가 돌이킬 수 없는 무언가를 저지를 것처럼 된다.

지난번에도 그랬다. 상담을 마치고 돌아가는 길에 '죽고 싶다'가 닥쳐와서 나를 찌르며 검게 물들였다. 나는 더 이상 참을 수 없었다. 너무 고통스럽고, 생각도 할 수 없고, 생각하기도 싫고, 그저 전철역 플랫폼에 멍하니 서 있었다. 내 속에 있는 나의 일부가 선로에 뛰어들고 싶다고 했다. 말만 한 게 아니라 몸을 확 움직여서 나를 선로에 떨어뜨리려 했다. 나는, 사실 그러고 싶지 않다는 걸 알고 있었다. 하지만 뛰어들고 싶은 것도 정말이라 전철에 올라타지도 선로에 뛰어들지도 못하고 전철이 몇 대나 지나가도록 플랫폼을 서성였다.

그때 나는 이렇게 생각했다.

'이제, 지쳤어. 더는 못 하겠어.'

무엇을 못 하겠다는 것일까. 내가 그때 떠올린 것은 집에 돌아가서 쌀을 씻고, 개를 산책시키고, 목욕물을 받고, 저녁밥을 짓는 것이었다. 어제 산 생선이 네 마리 있으니 오늘 먹는 게 좋겠다, 하는 그런 것이었다.

그런 일들이 뭐가 큰일이라는 걸까. 써놓고 보면 어처구니없을 만큼 대수롭지 않은 일들이다. 하나하나 따져보면 그 무엇도 큰일이 아니다. 오랫동안 해온 일들이고, 누구나 하는 일들이다. 그리고 마음만 먹으면 분명히 할 수 있는 일들. 하지 않는다고 누군가 화내지도 않는다. 반찬을 사서 집에 가거나 개의 산책을 다른 가족에게 맡길 수도 있다. 일찍 쉴 수도 있다.

어떤 때 닥쳐올까

이 글을 쓰는 지금, 나는 상태가 좋지 않다. 아까 먹은 점심밥을 전부 토하고 말았다. 그리고 좀 전에 내게 '죽고 싶다'가 찾아왔다. 나를 칼로 계속 찌르면서 몸을 딱 붙이고 곁에 있다. 나는 몹시 고통스럽다. 어째서 '죽고 싶다'가 지금 왔을까?
"저기, 왜 왔어?" 나도 모르게 소리 내어 물어본다. 응답 없음. 그럼 그렇지. 아무런 말도 없이 '죽고 싶다'는 아까부터 계속 내 옆에서 떨어지지 않는다. 이 '죽고 싶다'는 내 전용일까? 아니면 다른 사람에게 가기도 할까?

나는 오늘 밤 어느 서점에서 열리는 토크 이벤트에 신청했다. 그 이벤트에 신청한 것은 한 달 전으로 밤에 외출하겠다고 남편에게 승인을 받았다. 그 뒤 남편이 같은 날에 출장을 잡아서 어쩌다 보니 오늘 밤에는 둘 다 귀가가 늦게 되었다. 그렇다는 걸 알았을 때, 남편의 얼굴에 싫은 기색이 보였다. 나는 왠지 미안했다.

지금 이 글을 쓰면서 굳어 있던 마음이 서서히 풀리는 게 느껴진다. 나는 싫었던 것이다. 내게는 중요한 용무였고 미리 양해도 구했는데, 싫은 기색을 보였다. 남편은 나보고 두 아들 중 첫째에게 "(동생을 돌보라고) 잘 얘기해봐."라고 불쾌해하며 말했다.

나는 어젯밤에도 오늘 아침에도, 어떻게든 예정대로 외출하기 위해 아이들에게 밥은 어떻게 먹으면 되고 엄마가 밖에서 전화하겠다는 등 이런저런 것들을 알려주었다. 나는 누군가를 돌보는 것, 그리고 내가 하고 싶은 일 때문에 누군가 기분 나빠하는 것이 몹시 힘들었던 것이다. 하지만 그 정도 일로 사람이 죽고 싶어할까?

모르겠다. 내가 이상한 게 아닐까 하는 생각이 든다.

만약 내가 이런 일로 죽고 싶다고 남편에게 말하면, 그는 내 머리가 이상하다고 하지 않을까.

내면의 작은 목소리가

생각난 것이 있다. 18년 전, 출산했을 때.

나는 출산할 때 남편이 곁에 있기를 바랐다. 태어나는 순간부터 같이 하고 싶었다. 나 혼자서는 도저히 육아를 해낼 수 없을 것이라 생각했으니까.

그때는 당시 일곱 살이었던 큰애도 함께 병실에 있었다. 진통이 시작되어서 둘이 함께 와준 것이었다. 오전에 아이와 함께 온 남편은 병실에서 노트북으로 일을 했다. 내 진통은 아직 심하지 않아서 되도록 걸어야 한다는 말을 들었다.

정확히 기억나지는 않는데, 그때 남편은 무언가 급박한 일을 처리하고 있었다. 그래서 나는 함께 있어주길 바라는 동시에 미안하다고 생각했다. 남편의 일을 방해하지 않도록 아이를 데리고 아래층의 매점에 가서 과자를 사다 주기도 했다. 계단을 오르내릴 때 진통이 와서 그때마다 멈춰서 통증이 지나가길 기다렸다. 병실에 돌아왔는데 남편은 여전히 바쁜 모양이었고 좀 짜증이 나 보였다. 그리고 "아직 멀었어?"라고 지긋지긋하다는 듯이 말했다. 그 일을 떠올리면 나는 가슴이 끈적끈적한 검은색으로 칠해지는 것만 같다.

남편에게는 몇 년 뒤에 그 일을 이야기했다. 남편은 사과했다. 그때 급한 일이 있어서 여유가 없었다고. 나는 생각했다. 알고 있다고. 그때도 사정은 알고 있었다. 하지만 내 속의 작은 내가 "너무해."라고 말한다. 아주 작은 목소리로. 오늘 외출에 대한 남편의 "잘 얘기해 놔."에도 "너무해."라는 작은 목소리가 들린다. 그렇지만 나는 이 글을 쓰면서 점점 자신감을 잃고 있다.

내가 지나친 요구를 하는 것은 아닐까. 내가 실질적으로
반년 전에 일을 그만두면서 남편은 함께 하던 일을 혼자
떠안게 되었다. 내가 서점 이벤트에 가는 것과 남편이
출장을 가는 것은 엄연히 사정이 다르다. 그래서 남편의 말
도 이해가 간다.
그렇지만 나는 그럼에도 무언가가 걸린다. 내가 일을
하던 무렵, 출장을 갈 때 나는 아이들의 저녁밥을 차리고
출발하는 날 아침의 도시락을 준비하는 등 집안일을
최대한 처리해두었다. 왜 그랬을까?

그렇게 느낀 게 잘못일까?

어? 이상하다. 나는 '죽고 싶다'에 관해 생각하고 있었는데,
어째서 외출할 때의 사소한 의문과 출산할 때의 일을
끄집어낸 것일까?
아아, '죽고 싶다'가 내게 온다. 오지 않길 바라는데, 몇 번
이고 온다. 지금 죽으면 어떨까, 하고 생각한다. 혼자 방에서
목을 매달면. 오늘 서점 이벤트에 가다가 선로에 뛰어들면.
나는 더 이상 아무것도 하지 않아도 되고, 아무것도
생각하지 않아도 되고, 아무런 고통도 느끼지 않겠지.
정말? 죽으면 정말로 고통스럽지 않을까? 죽어도
고통스러울지 모른다. 나는 왠지 눈물이 난다. 왜 울고

있는 것일까? 지금 이 글자를 키보드로 입력하면서
나는 울고 있다. 조용히 흐느껴 운다. 나는 울고 있다.
내가 지금 운다는 사실을 이 세계에 누구도 알지 못한다.

나는 다시 출산할 때의 일을 떠올린다. 나는 여전히 그때의
일이 '너무하다'고 생각한다. 내가 너무 과거에 집착하는
것일까? 남편은 사과했다. 그러니 틀림없이 그에게는
이미 끝난 일일 것이다. 내가 거듭거듭 떠올린다는 사실을
그는 꿈에도 모르겠지.
나라고 떠올리고 싶지는 않다. 떠올릴 때마다 가슴에
까맣고 묵직한 것이 가득해진다. 그러고 싶지 않은데도
계속 떠오르고 만다. 나는 어째서 떠올릴까? 나는 용서하지
않은 걸까?

'사과하다'라는 말을 사전에서 찾아보았다.
내가 찾아본 사전에는 "잘못과 죄를 인정하고 용서를 빌다."
라고 쓰여 있었다. 그러니 '사과'라는 행위는 상대방을 향해
이뤄지는 것이다. 왜냐하면 그 목적이 '용서를 비는 것'
이니까. 하지만 나는 생각한다. 사람이 사과할 때, 용서를
빈다는 본래의 목적을 중시하지 않고 사과하기 위해 사과
하는 경우가 의외로 더 많지 않은가? 용서를 빈다는 것은
상대방의 마음을 충분히 상상하고, 거기에 자신의 마음을
맞추는 것이라고 생각한다. 나는 출산할 때 슬프고,

애절하고, 쓸쓸했다. 내가 전혀 소중히 여기지지 않는다고 마음속 깊이 느꼈다.

"하지만"이라는 외부의 목소리가 들린다. "일이 바빴으니 그럴 법도 했지. 게다가 제대로 사과했잖아. 그 이상 뭘 바라는 거야? 그냥 떼쓰는 거 아냐? 너도 상대방 마음을 상상해보긴 했어?" 정말 부끄럽기 그지없다. 그래, 나는 내 이야기만 하고 말았다.

내가 느낀 것은 바람직하지 않은 것이었을까?

그렇게 느낀 게 잘못이었을까?

거듭해서 '없었던 일'로 치부된 것

나는 또 떠올린다. 내가 백혈병이라는 걸 알았을 때의 일을. 나는 줄곧 아버지의 일기와 책을 말없이 들춘 것을 부끄러워했다. 내게 알릴 생각이 없이 놓여 있던 일기와 책을 멋대로 본 것이니 누구에게도 말할 수 없다고 생각했다. 하지만 괴로웠다. 이루 말할 수 없이 괴로웠다. 30대가 되어 나는 그때 일을 부모님에게 이야기했다. "내가 죽을 거라 생각했고, 그걸 혼자 견디면서 지내기가 너무 괴로웠다."라고. 그때 그들이 한 말을 잊을 수 없다. "병원의 방침이라 병명을 알릴 수 없었다. 하지만 네가 강한 사람이 되었으면 해서 일부러 눈에 띄는 자리에 노트와

책을 두어서 병명을 알려주었다." 나는 엄청난 충격을
받았다. 강한 사람? 무얼 위해서? 부모님은 아직도 내가
더 강해지길 원하는 걸까?

그때 부모님은 사과했다고 생각한다. 하지만 그 행위는
나에게 용서를 비는 것이 아니었다.

나는 용서하지 않았다. 내가 얼마나 큰 고통을 겪고 홀로
살아왔는지 그들은 전혀 모를 것이다. 모르는 것에서
나아가 아예 상상해볼 생각도 없을 것이다.

그리고 두 사람은 내게 "우리도 힘들었다."라고 했다.

이 글을 쓰는 지금, 나는 이번에도 점점 모르겠다.
용서할 수 없다고 하는 내가 잘못된 것만 같다. 왜냐하면
그들에게도 큰일이지 않았겠는가. 힘들었을 것이다.
사과하지 않았는가. 슬프다, 괴롭다. 힘들고 고통스러워서
견딜 수 없다.

이럴 때 '죽고 싶다'가 찾아온다. 나를 칼로 찌른다.
아아, 힘들어. 나는 상상한다. 내가 선로에 뛰어들어
갈기갈기 찢기는 모습을. 모두 보면 좋겠다고 생각한다.
내가 갈기갈기 찢긴 모습을. 반복해서, 반복해서 상상한다.
몇 번이나, 몇 번이나 '죽고 싶다'가 나를 찌른다.

이처럼 내가 느껴온 것들은 거듭거듭 없었던 것이 되어
갔다. 그렇게 느낀 게 잘못이 되었다. 내 느낌이 잘못이라고
여겨지면, 내 존재가 어디 있는지 알 수 없게 된다.

내가 갈기갈기 찢어지고 만다. 나는 살아가기 위해서
다시 한 번 나를 되찾아야 한다. 그래야 하지 않겠는가?
내가 없는 채로 어떻게 살아갈 수 있다는 말인가. 그래서
나는 다시 떠올린다. 내가 지금까지 느껴왔던 것들을.

'죽고 싶다'가 찾아오는 이유는…

앞서 적었던 꿈에 대해 떠올린다. 20대 후반부터 거듭해서
보는 그 꿈. 내가 누군가를 죽여서 정원에 묻은 걸 떠올리는
꿈. 잠에서 깨도 도무지 꿈 같지 않다. 그 꿈을 꿀 때마다
'그래, 나는 죄인이었지.'라고 뼈저리게 깨닫는다.

"그럴 생각은 아니었어." "그럴지도 모르지만, 나도 힘들
었어." "사과했잖아." "그렇게 느끼는 게 잘못이야." "너는
자기 생각만 하잖아."
이런 말들 앞에서 문득 생각한다.
나는 혹시, 나 자신을 죽여서 정원에 묻은 것이 아닐까?
나는 매우 악하다고 생각하면서. 그렇게라도 하지 않으면
제정신으로 살아갈 수 없었으니까. 하지만 그건 살아 있는
것이 아니다. 왜냐하면 스스로를 땅속에 묻은 채로 있는
것이니까.
이 문장을 쓰면서 너무나 고통스럽다. 괴롭다.

'죽고 싶다'가 오는 때는, 오래전 묻어버린 내 마음을 조금
느끼고 말았을 때가 아닐까?

나는 지금 울고 있다. 비유가 아니라 울고 있다. 이토록
애달플 수 있을까. 나는 오랫동안 마음을 느끼지 않으려고
한 것이다. 묻어버린 마음을 조금이라도 끄집어내면,
나는 더 이상 살아갈 수 없다. 그래서 '죽고 싶다'가
내 곁으로 닥쳐오는 것 아닐까.

나는 정원의 시체를 파내야만 한다

남자와 밖에서 만날 때. 나는 전혀 아무렇지 않다는 얼굴과
몸으로 나간다. 섹스만 한다. 마주 앉아 밥을 먹거나 차를
마시거나 함께 나들이를 가는 건 전혀 하지 않는다.
몸만 빌린다. 몸만 빌려준다. 섹스는 전혀 기분 좋지 않다.
그런데도 참을 수 없이 섹스가 하고 싶어진다. 나도 왜
그런지 모른다. 스스로가 이상하지 않나 싶다. 꿈을 떠올
리고 나니, 혹시 몸만이라도 있는 힘껏 살아가려고
하는 것이 아닐까, 하는 생각이 든다.
그렇지만 마음을 완전히 가두고 몸만 살아가는 건 불가능
하다. 섹스를 하면 묻어두었던 마음이 조금 나오고 만다.
그렇게 되면 참을 수 없이 괴롭고 고통스럽다.

나는 '죽고 싶다'로부터 도망치기 위해 남자를 만나 섹스를 하는데, 그 탓에 한층 더 '죽고 싶다'가 들이닥친다.
무언가를 도저히 받아들일 수 없을 때, 나는 물리적으로 '토하는' 행위로 그 무언가를 흘려보낸다. 받아들일 수 없는 마음은 있어서는 안 되니까. 그런 마음을 끌어안고 있으면 '죽고 싶다'가 찾아오니까.
그렇다면, '죽고 싶다'로부터 어떻게 도망칠 수 있을까? 어려운 질문이다. '죽고 싶다'로부터 도망친 상태란 즉, '살아 있는 것'이기 때문이다.

여기까지 적고 분명히 깨달은 사실이 있다.
나는 정원에 묻은 사체를 파내야 한다. 일찍이 스스로 죽인 내 마음을 파낼 필요가 있다. 아아, 하지만 생각만 해도 지난한 작업일 것 같다. 나는 살기 위해서 내 마음을 깊이 묻었다. 그걸 파내는 것은 몹시 두려운 일이다. 그 때문에 내가 살아갈 수 없을 지도 모르니까. 또한 마음을 지니고 살아가는 법을 나는 한참 전에 잊어버렸을 테니까.

굳이 아픔을 느끼는 이유

다른 방향으로 생각해보겠다.
'죽고 싶다'가 찾아올 때, 그저 오는 것뿐이 아니라 항상 나를 찌른다는 것이 점점 신경 쓰였다. 게다가 그 찌름이 분명한 신체적 통증을 일으키는 것은 생각해보면 무척 기묘한 현상 아닐까? 당연하지만 그 통증은 실제로 존재하지 않으며 내 뇌 속에서 일어나는 일이다. 어째서 굳이 신체에 아픔을 느끼게 할 필요가 있을까? 지금까지는 생각해본 적이 없는데, 이에 대해서 살펴보겠다.

아픔은 가능하면 피하고 싶은 감각이다. 아픈 게 좋다는 사람은 (아마도) 없다. 그럼에도 내 뇌는 일부러 흔쾌히 아픈 감각을 만들어내고 있다는 말이다. 어째서 그럴까? '아픔'에 대해 생각하는 사이에 어째서인지 나는 섹스를 떠올렸다. 물리적인 통증은 없지만, 남자와 만나서 섹스를 할 때 나는 극심한 아픔을 느낀다. 마음이 갈기갈기 찢어진다고 느낄 때, 사실 내 마음은 몹시 아프지 않을까. 쾌감도 아픔도 느끼지 않는 줄 알았지만, 건조한 마음으로 남자와 만나는 나는 더욱 바싹 마르고 갈가리 찢겨서 참을 수 없는 고통을 느끼며 남자와 헤어져 돌아간다. 이 대목에서도 내가 굳이 나서서 '아픔'을 느끼려 한다는 것을 알 수 있다.
아픔이라는 것은 '살아 있음'을 뜻하지 않을까? 나는 잘 살아갈 수 없어서 마음을 땅속에 묻었지만, 그래도 어떻게든 살고 싶어서 온갖 수단으로 '아픔'을 느낌으로써 '살아 있다'는 사실을 확인하는 것이 아닐까? '죽고 싶다'가

들이닥치고, 그저 다가오는 것에서 나아가 나를 찌르며 고통을 느끼게 하는 것 역시 '살아 있다'는 사실을 나에게 전하기 위해서라는 생각이 든다.

아아, 난 정말 살고 싶어하는구나. 그동안 줄곧 나는 죽고 싶은 게 아니라 살고 싶었던 거구나. 내가 그간 '죽고 싶어' 라고 불러왔던 것은, 사실 '죽고 싶어'가 아니라 '살고 싶어' 였는지도 모른다. 아니, 틀림없이 그렇다.

죽을 것 같은 고통으로 확인하다

남자와 원하지 않는 섹스를 하고, 귀갓길에 전철역 플랫폼에서 전철을 기다리며 몇 번이고 선로에 뛰어들어 죽고 싶다고 생각했다. '죽고 싶다'가 닥쳐와서 몇 번이고 나를 찔렀다. 타인과 만났을 때 겪은 일들을 내 속에 담아둘 수 없어서 위 속에 있는 걸 전부 토했다. 위를 뒤집어서 남김없이 전부 토해버리고 싶었다. 목구멍 깊숙한 곳에 손가락을 쩔러넣어 내장이 뒤집힐 듯이 격렬하게 토했다. 그 뒤에 녹초가 되어 침대에 쓰러지듯이 누워 있으면 '죽고 싶다'가 다가와서 계속 나를 찔렀다.
마음을 묻어버린 나는 반쪽을 잃어버리고 계속 찾아 헤매는 양성구유 같은 존재일 것이다. 살아 있음을 확인하기

위해서 현실에서도 뇌 속에서도 극심한 아픔을 느끼는데,
그 아픔으로 나는 매일매일 내가 마음 없이 살고 있다는
사실도 느꼈던 것이다.
이보다 쓸쓸할 수 있을까. 죽을 것 같은 고통으로
'살아 있다'는 것을 확인해야 살 수 있다니. 그토록 강하게
'살아 있음'을 갈구하고, 또 갈구하는데도 이토록
살아가기가 어렵다니, 이보다 쓸쓸할 수 있을까.

3

사과하다, 용서하다

사과하는 것, 용서하는 것. 이것들이 요즘 들어 계속 신경 쓰였다.
어째서 신경 쓰이는지, 알 듯도 하지만 실은 잘 모른다.
잊을 수 없고 가끔씩 떠올리는 '사과받은' 일들이 몇 차례 있었는데, 그 때문에 신경 쓰는 듯싶다.
사과하고 용서받는 행위는 인간만이 한다. 우리 집에서 기르는 개는 무언가 잘못해서 혼나면 죄송한 듯한 표정은 짓지만 사과하지는 않는다. 인간은 왜 사과할까? 그리고 왜 용서할까?

규탄이 아닌, 더욱 안쪽으로 향하는 힘

최근 자주 떠올린 일은 18년 전 출산할 때. 일을 쉬고 출산을 지켜보러 온 남편이 병실에서 일하다 진통 중인 나에게

"아직 멀었어?"라고 말한 것. 나는 그 일을 여전히 '용서하지 않았다'고 생각한다. 나중에 남편은 "그때는 일이 밀려 들어서 여유가 없었어. 미안해."라고 사과했다.

사과했는데, 나는 왜 아직도 '용서하지 않은 것'일까? 그가 여전히 당시의 내 마음을 상상하고 거기에 자신의 마음을 맞춘 다음 내게 용서를 구하지 않았다고 느끼기 때문이 아닐까 싶다.

'사과하다', 그리고 '용서하다'라는 행위는 사람과 사람의 관계 속에서 비로소 성립한다. 나는 그 행위에서 '시간'을 본다.

현대미술가 스기모토 히로시杉本博司는 "시간에 대한 의식을 갖는 것이 마음을 지니게 되는 첫걸음 아닐까?"*라고 했다. 마음이 있는 인간은 상대방과의 관계 속에서 시간을 의식하기 시작한다. 지금 이 순간만이 아니라 이 사람과 과거부터 나아가 미래까지 관계를 이어가길 바란다. 그러니 사과하는 것은 '저는 당신을 소중히 여기고, 앞으로도 당신과 관계를 쌓아가고 싶다. 그러니 부디 저를 받아들여 주세요.'라는 의미가 아닐까?

내가 '용서하지 않는 것'은, 계속해서 상대방의 언동을 책망하려는 것이 아니다. 당신은 너무 나쁘다고 규탄하려는

---

*「NHK日曜美術館」, '杉本博司 江之浦測候所奇譚', 2022년 7월 10일.

것이 아니다. 그처럼 바깥으로 강한 힘을 발휘하는 것이 아니라 훨씬 쓸쓸한 행위라고 생각한다. 나의 용서하지 않음에는 안쪽으로, 더 안쪽으로 향하는 약한 힘이 있다. 남편과의 일, 부모님과의 일, 그 관계 속에서 여전히 '용서하지 않는 것'에 대해서 생각할 때, 나는 분노를 느끼지 않는다. 그저 고요하고 쓸쓸해진다. 가슴이 축축하게 물드는 듯이 슬퍼진다.

그럴 때 나의 내면에서는 무엇이 일어날까?

나는 그 사람에게 내가 하찮은 존재라고 느낀다. 그 사람이 나를 소중히 여기지 않는다고 느낀다. 아니, '느낀다' 같은 부드러운 감각이 아니다. 그 사람이 나를 소중히 여기지 않는다는 것을 알고 만다. 그래서 견딜 수 없어진다. 이토록 가까운 사람에게도 내가 소중히 여겨지지 않는다는 걸 알게 된다. 버틸 수 없어진다. 괴로워진다. 슬프고, 애절하고, 어쩌면 좋을지 모른다. 마치 이 세계 어디에도 나를 받아들여주는 곳은 없다는 사실을 내게 들이미는 것만 같다.

내 마음을 판단하는 것은 누구인가

그와 동시에 나는 이렇게도 생각한다. 남편은 제대로 사과했다. 미안하다고 했다. 그 이상 뭘 바라는 걸까?

내 잘못은 돌아보지도 않고 남만 탓하는 게 부끄럽지도
않은가. 충분히 소중히 여기고 있는데도 그러지 않는다고
생각하다니 이기적이다. 더, 더, 하며 끝없이 상대방에게
요구만 하는 것은 어린애나 마찬가지다.
그런 목소리가 매우 크게 들려서 나는 금세 그에 따른다.
내 안에 있었을지도 모르는 목소리는 원래 몹시 작았지만,
더욱더 작아져서 어느새 들리지 않는다. 부끄러운 것,
있어서는 안 되는 것, 없는 것이 되어 땅속에 묻혀버린다.
아, 나는 지금까지 이렇게 내 느낌을 심판해왔구나.
자, 보자. 심판한 것은 누구일까? 나일까? 내가 계속
내 마음에 판정을 내렸을까? 그건 오로지 내 내면에서만
일어나는 일일까? 내가 느끼는 방식과 가치관의 개인적인
문제일까?
그렇게 단순할 리는 없다. 사과와 용서라는 행위가 타인과
맺는 관계 속에서 이뤄지는 것이라면, 그 행위와 관련한
나 자신의 느낌을 내가 스스로 심판하는 것에도 타인과
맺는 관계가 영향을 미치리라 생각하는 게 타당하지
않을까?
내가 느끼는 방식 역시 나만의 문제가 아니라면, 상대방이
내가 느끼는 방식을 심판하고 있는 것일까? 남편과 있었던
일, 부모와 있었던 일에서 남편과 부모님의 언동이
내가 느끼는 방식에 영향을 미쳤을까?
물론 그런 면이 있었을 것이다. 하지만 왠지 나는 납득하지

못하겠다. 딱 맞는 것 같지 않다. 정말로 그런 문제일까?

왜냐하면 관계가 계속 이어지길 바라니까

개인의 문제가 발생할 때, 그 이면에는 사회의 문제가 적잖이 숨어 있다. 그 때문에 개인이 느끼는 방식, 인식하는 방식과 관련한 문제는 개인적인 것인 듯해도 실은 사회구조의 문제다. 그렇다면 내가 지금 이리저리 헤매며 고찰하는 '사과'와 '용서'도 나만의 개인적인 문제는 아닐 것이다. 다른 누군가의 문제이며, 또 다른 누군가의 문제이기도 하다. 사회 전체의 문제라고도 할 수 있지 않을까?
내가 여전히 '용서하지 않는 것'은 어째서일까?
무척 단순한 이유인데, 나는 상대방이 '제대로 사과하길' 바라는 것이다. 너무 이기적인가? 지나친 요구인가? 그런 의문을 품으면서도 나는 상대방이 '제대로 사과하길' 바라고 있다. 분명한 사실이다. 무엇을 위해서일까? '사과'라는 행위는 일방향적인 것일까? 피해자 대 가해자라는 구도에서 이뤄지는 것일까?
전혀 아니다. 나는 그렇게 생각한다. '하다'와 '받다'라는 능동과 수동의 구도가 아닌 것이다.
'사과하는 사람'이 '나는 당신과 앞으로도 관계를 유지하고 싶다.'라는 바람을 지니고 있다면, '사과받는 사람'도

대부분은 '나 역시 당신과 가능하면 앞으로도 관계를 유지하고 싶다.'라는 희망을 품고 있지 않을까. 나는 지금껏 가능한 많은 사람과 다양한 관계를 맺기를 바라왔다. 여기서 친구의 이야기가 떠오른다. 그는 10대 시절 사소한 일로 아버지에게 심하게 얻어맞은 적이 있다고 했다. 한 시간인가 두 시간 동안 계속 맞아서 피투성이가 되었다. 그때 어머니는 옆에 서서 울기만 할 뿐 아버지를 말리지 않았다고 한다. 훗날 친구는 아버지에게 "그때 나는 괴로웠다. 큰 상처를 받았다."라고 말했다. 아버지는 이렇게 답했다. "미안하게 생각한다. 하지만 나도 힘들었고 한계였다."라고.

이 이야기를 나에게 들려준 친구는 마지막으로 "용서하지 않는 게 허용될 수도 있지?"라고 물었다. 친구의 그 말을 떠올릴 때, 나는 친구의 내면에서 불타는 듯한 복수심이나 원한을 느끼지 않는다. 그의 마음에 있는 것은, 절망과 조용한 슬픔이다. 친구는 용서하지 않음으로써 부모를 벌하고 싶은 걸까? 나는 지금 이 문장을 쓰면서 내 가슴속 깊은 곳이 옥죄이는 듯한 통증을 느낀다. 작은 무릎을 감싸안은 쓸쓸한 몸을 생각한다. 친구를 떠올리면서 나는 일찍이 내 부모와 있었던 일을 생각할 수밖에 없다. 나는 부모님을 용서하지 않았다. 친구와 마찬가지로 '용서하지 않는 걸 허용해주면 좋겠다'고 바란다. 왜일까? 나는 "용서할 수 없다"고 말하면서도 실은 매우 '용서하고

싶은 것'이다. 내가 '용서하지 않는 것'은 '용서하기' 위해서
인 것이다. 만약 내가 "네가 힘들었을 수도 있지만, 우리도
힘들었다."라는 말을 용서해버리면, 몹시 괴롭고, 슬프고,
쓸쓸했던 자신을 스스로 다시 죽이는 셈이다. 내가 죽임을
당하면 어떻게 될까? 나는 두 번 다시 그 사람과 관계를
맺을 수 없을 것이다. 왜냐하면 죽어버렸으니까.

사과받지 못한 일을 떠올린다

나는 부모님과 관계를 유지하고 싶다.
아아, 슬퍼. 이렇게 적고 보니 너무 슬퍼. 그런 생각이 든다.
애달프다. 내가 부모님과 관계를 이어가길 바란다는 것을
새삼 깨닫는다.
용서하고 싶다. 그렇게 생각하는 일들이 차례차례
떠오른다. 가까운 사람, 그 정도는 아닌 사람, 더 이상
만날 일도 없을 사람.
중고등학생 시절, 치한을 자주 마주쳤다. 어느 날 저녁, 나는
버스를 타고 집에 돌아갔다. 내 기억에 겨울이었다. 차창
밖으로 보이는 거리는 벌써 캄캄했다. 나는 버스 뒤쪽의
창가 자리에 앉아 있었다. 내가 탄 버스정류장의 다음
정류장에서 몇 사람이 탔고 비어 있던 내 옆자리에도
사람이 앉았다. 쉰 살 전후로 보이는 마른 남자였다.

버스가 출발하고 얼마 지나지 않아 그 사람이 내게 "추워서 그런데 손 좀 빌려줄래?"라고 말했다.
그 사람은 야윈 데다 옷차림도 얇아서 확실히 추워 보였다. 살짝 오들오들 떠는 듯도 했다. 나는 한 손을 그 사람 쪽으로 뻗었다. 그는 내 손을 잡고 바지로 감싸인 자신의 무릎 위에 올렸다. "아, 따뜻해."라고 말해서 나는 다행이라고 생각했다. 처음에는 무릎 위에 가만히 놓여 있던 내 손이 버스가 흔들릴 때마다 조금씩 움직였다. 그 사람은 내 손을 꼭 잡고 있었는데, 언제까지 이러고 있어야 할까 싶어 거북했다.
그의 손에 잡혀 있던 내 손은 점점 무릎에서 아랫배 쪽으로 움직여졌다. 버스의 흔들림에 맞춰서 바지를 문지르듯이 규칙적으로 움직여졌다. 당시 나는 성에 관한 지식이 거의 없었는데, 그 행위에서 왠지 금기 같은 느낌을 받았지만 분명한 의미를 알지는 못했다. 그 사람은 자유롭던 다른 손으로 내 허벅지를 쓰다듬고 내 속옷 속으로 손을 집어 넣었다. 얼마나 시간이 흘렀더라. 내 손이 놓여 있던 바지 아래가 갑자기 따뜻해지더니 손바닥이 축축해지는 듯했다. 남자는 내게 "고마워."라고는 재빨리 일어나서 내리는 문으로 다가갔다. 내가 내리는 곳보다 한 정류장 앞선 곳이었다. 나는 반사적으로 일어섰다. 그 사람을 뒤쫓듯이 걸어서 운전석 옆의 내리는 문으로 갔다.
온몸의 근육에 힘을 주고 버스 기사에게 말했다. "저 사람,

치한이에요." 기사는 "애, 지금 말해봤자 소용없어."라고
말할 뿐이었다. 남자는 이미 잽싸게 버스에서 내려 어둠
속으로 사라졌다. 버스에 타 있던 다른 어른들은, 누구도
아무런 말을 하지 않았다. 나는 말없이 버스에서 내렸고,
집에 돌아가자마자 입고 있던 팬티를 쓰레기통에 버렸다.
나는 그때 이 세계에 절망했다. 나는 그때 나를 성추행한
남자만이 아니라 버스 기사, 버스의 다른 승객들까지
모두를 용서하지 않았다. 당연한 일이다. 왜냐하면 누구도
나에게 '사과하지 않았으니까'.
'사과'는 축복을 부여하는 것과도 같다. 사과는 상처 입은
사람의 아픔을 알려고 하는 것, 그곳에 상처 입은 한 사람이
존재함을 인정하는 것이다. 그와 반대로 '사과하지 않는
것'은 그곳에 내가 존재하며 슬퍼한다는 사실을
지워버리는 것이다.
성추행을 당한 건 그때 한 번만이 아니다. 학교로 가는
전철에서, 집에 돌아가는 버스에서, 공원 벤치에서. 나는
몇 번이나 치한과 맞닥뜨렸다. 그리고 그 모든 경우에,
단 한 사람에게도, 단 한 번도, 나는 '사과를 받은 적이 없다'.

나는 내 존재가 이 세계에서 지워져왔고, 내 슬픔과 상처가
보잘것없는 것으로 치부되어왔다고 생각한다.
나를 성추행한 타인만이 아니라 그 상황을 둘러싼 사회
전체가 나라는 사람을 없는 존재로 취급해왔다고 느낀다.

하찮다고 취급당한 일들

한 가지 떠오른 일이 있다.

초등학교 고학년 때였을 것이다. 아버지와 어머니에게 무언가를 물어봤다. 어떤 내용이었는지는 정확히 기억나지 않는다. 하지만 어렴풋이 기억하기로 약간 성적인 것과 관련한 질문이었다. 그때 아버지는 나에게 "처녀가 다 됐구나."라고 했다. 조금 웃으며 말했다. 그리고 내 질문에는 답해주지 않았다. 어머니도 아무 말 하지 않았다. 저녁 식사를 마친 부모님은 술을 마시고 있었다. 나는 "처녀가 다 됐구나."라는 말의 정확한 의미를 몰랐지만, 그 말이 왠지 수치스러웠고, 바람직한 것이 아니라는 사실만은 분명히 이해했다. 나는 몹시 불쾌한 기분이 들었다. 스스로를 부끄러워해야 마땅하다는 말을 들은 것 같다는 느낌을 지금도 기억한다. 좀 과장스럽게 말하면, 나는 그때 세계에서 쫓겨난 것 같았다. 내가 하찮고 꼴사나운 존재라고 느꼈다.

아버지는 그때 일을 내게 사과하지 않았다. 틀림없이 그 일을 기억조차 못 할 것이다. 만약 기억한다고 해도 자신이 무엇을 잘못했는지, 내가 어째서 그 일을 잊지 못하는지 이해하지 못할 듯싶다. 그리고 지금 나는 이런 생각이 안정감 없이 흔들리는 것을 느끼고 있다. "처녀가 다 됐구나."라는 한 마디가 정말로 그토록 큰 상처를 주었을까?

나는 혼자서 '상처 받았어!'라고 소리치는 꼴불견이 아닐까?

별 뜻 없이 당한 '싫었던' 일들

또 생각나는 일이 있다.
고등학교 3학년 때. 저녁밥을 먹고 부모님과 무언가에
관해 대화를 나눴다. 부모님은 술을 좋아해서 매일 밤
마셨다. 그리고 대화도 좋아했는데, 그냥 잡담보다는
토론에 가까운 대화를 아이와 함께하길 좋아했다. 당시에는
나 역시 그런 대화를 좋아하는 줄 알았다. 지금 돌이켜보면
부모님이 좋아하는 일을 해드려야겠다는 마음이
강했던 것 같다.
이야기가 끝난 뒤 나는 씻으려고 욕실에서 옷을 벗었다.
그때, 노크도 없이 문을 열고 아버지가 들어왔다.
"미에가 얼마나 어른이 됐는지 보고 싶어서 말이다."
라고 했다.
나는 그때 아무것도 입지 않은 알몸이었다. 이 상황에 대체
어떤 의미가 있는지, 나는 판단할 수 없었다. 다만, 아버지의
행동에는 어떤 성적인 의미가 담겨 있지는 않았다. 그래서
나는 이걸 싫어한다든지 거부해서는 안 된다고 생각했다.
싫다는 기색을 보이거나 거부하는 언행을 하면 그 상황은
즉시 부적절한 것이 되고 말았다. 그 때문에 내가 할 수 있는

일이란, 태연한 표정으로 미소까지 지으면서 아버지에게
내 알몸을 보여주는 것뿐이었다.

그때 일을 쓰고 있으니 속이 안 좋아진다. 잊고 있던 일을
떠올리면 보통 괴로워진다. 나는 괴롭다. 이 일도 아버지는
잊어버렸겠지. 다른 뜻은 없었어. 그저 이런저런 이야기를
나눈 다음에 그 조그맣던 아이가 얼마나 컸는지 보고
싶었을 뿐이다. 아버지는 이렇게 말할 것이다.
상처 받았다니, 그럴 셈은 전혀 아니었다. 그런 식으로
생각했던 거냐? 깜짝 놀라며 이렇게 말할지도 모르겠다.
여기까지 상상했지만, 이번에도 나는 점점 자신감을 잃고
있다. 나는 괜히 호들갑스럽게 상처 받았다고 소란을
피우는 것이 아닐까? 나는 상대방에게 나쁜 뜻이 없는데
사사건건 트집을 잡는 짜증 나는 인간 아닐까?

잘못과 죄를 정하는 것은 누구일까

내가 나의 마음을 가두고, 깊이 묻고, 나아가 알 수 없게
된 것의 배경에는 지금까지 '사과'라는 행위가 없었다는
사실이 중요한 요인으로 있지 않을까? 내 슬픔과 상처가
하찮다고 치부되며 방치되었기 때문에 나는 내가 이 세계의
어디에 있는지 모르게 된 것이 아닐까?

'사과'란 그 상황에 무엇이 있었는지 검증하는 행위다. 분명히 있었건만 없었다고 치부된 것을 다시 한 번 꺼내서 새롭게 보는 행위다. 그리고 그 상황에서 있었던 일들로 누군가 어떻게 상처를 입고 손상되었는지를 바라보는 행위다.

여기서 다시 한 번, '사과하다'라는 단어의 뜻에 관해. "잘못과 죄를 인정하고 용서를 빌다."라는 뜻풀이를 다시 읽으니 그중 "잘못"과 "죄"라는 단어가 신경 쓰인다. 잘못과 죄는 대체 누가 정하는 것일까?
"용서를 빌다"에 관해서는 앞서 상대방을 향해 이뤄지는 행위라고 적었는데, 혹시 "잘못과 죄를 인정"하는 것도 실은 사과받는 상대방에 달려 있는 일 아닐까? '잘못과 죄'를 정하는 것은 그 행위를 한 사람이 아니라 그 행위를 당한 상대방 아닐까?
"그럴 셈은 없었다." "나도 힘들었다." "그런 걸로 상처 받다니 생각이 지나치다." "어쩔 수 없었다."
일찍이 내가 들었던 말들이 내 몸을 통과한다. 이 말들은 모두 그 행위를 한 사람들로부터 나온 것이다. 지금까지 내가 들어온 이 말들은 내게 '사과하지 않았다'. '사과하지 않은 것'을 내가 '용서하지 않는 것'은 어쩔 수 없는 일이다.

'사과'와 '용서'는 1 대 1 관계일까

지금까지는 내가 상대방에게 '사과받는' 구도에 대해 살펴봤는데, 이번에는 내가 '사과하는' 경우를 생각해보고 싶다. 지금까지 내가 사과했던 일들을 떠올려본다.

나는 그때 제대로 '사과했던' 것일까? '사과받지 않았다'와 '용서하지 않았다'라고 생각하는 한편으로 나 역시 제대로 '사과하지 않았던' 것은 아닐까? 이런 생각을 하니 가슴이 서늘해진다. 나는 충분히 상대방의 입장에서 생각했을까? 다른 사람은 잘 지적하면서 정작 나도 못 했던 경우가 많이 있지 않나? 이해라니, 애초에 가능한 일일까?

나는 이쯤에서 구도에 대해 생각한다.

애초에 내가 그린 구도는 '사과하다—용서하다'라는 평면적인 1 대 1 관계였다. 대부분 사람들이 같은 구도를 떠올릴 것이다. 하지만 지금까지 이리저리 궁리해보니 자꾸만 의문이 든다. 정말 그럴까? 동물이 아닌 사람과 사람이 마음과 시간을 포함하며 인간관계를 쌓는 것이 그처럼 평면적인 구도로 이뤄질까?

사람이 항상 행위자 혹은 피행위자라는 입장 중 하나에만 서는 것은 아니다. '사과하다'와 '용서하다'는 더욱 무질서한 구도를 그리지 않을까? 더욱 창조적이고, 더욱 상호적인 관계 아닐까? 왠지 점점 그런 생각이 든다.

상대방의 마음을 고려해서 '사과하는 것'은 물론 필요하고 중요한 일이다. 그 사과가 상대방의 '용서'를 이끌어내고 인간관계를 지속 가능하게 만든다. 이런 생각은 올바른 듯하다. 올바른 것 같지만 뭔가 지루하다. 시시하다.

'용서'할 때

혹시 사람은 '사과'라는 행위 속에 '용서'를 집어넣어 행동하는 것이 아닐까? 그와 반대로 '용서' 속에 '사과'를 포함하여 상대방과 마주하는 것은 아닐까?
사람이 눈앞에 있는 상대방의 감정에 자신의 마음을 기울일 때, 사람은 어쩔 수 없이 자신의 감정에도 마음을 기울인다. 현재가 아니라 여태껏 겪은 온갖 상황에서 느낀 자신의 감정, 혹은 지금 눈앞에 있지 않은 다른 사람의 감정에 대해서도 마음을 기울일 수 있다.
그렇게 생각하면, '사과하다'와 '용서하다'는 1 대 1이 아니라 훨씬 복층적인 구도로 나타난다.
이 글을 쓰면서 나는 알몸으로 세면대 앞에 서 있었던 자신의 감정에 마음을 기울이고 있다. 그와 동시에 아버지에게 피투성이가 되도록 얻어맞은 그날의 친구에게도 마음을 기울인다.
나는 상대방이 '사과하지 않았기' 때문에 '용서하지 않는다'고 적었다. 하지만 다른 생각이 든다. 그게 아닐지도 모른다.

나는 상대방이 어떻든 '용서할 수 있지' 않을까 생각한다.
나도 누군가에게 '사과'하면서 동시에 '용서'할 수 있다고.
왠지 뱃속 깊은 곳에서 솟아오르는 힘이 느껴진다.
'용서'할 수 있을 때, 나는 엄청나게, 압도적으로
'살아 있음'을 느낄 것이다.

4

자신을 용서하다

계속해서 '사과'와 '용서'에 대해 생각하고 있다. 어째서인지 나도 모르게 생각하고 만다.
'용서'할 수 있을 때, 나는 압도적으로 '살아 있는' 것이라고 생각했다.

'용서'는 허가가 아니다

'용서'란 어떤 행위일까? '네, 그만큼 사과했고, 현재의 마음도 이야기했으니, 지금부터 용서할게요.' 같은 것일까? 세간에서는 이런 식으로 '용서'를 인식하는 듯하다.
내가 지금부터 하고 싶은, 해야 하는 '용서'란 그런 것일까? 아니, 다르다, 엄청 다르다, 전혀 다르다. 절대로 다르다고 생각한다. 모두가 '용서'를 크게 오해하고 있지 않을까? 나도 지금까지 '용서'에 대해 오해했다고 생각한다.

진정한 '용서'가 없는 엉뚱한 곳에서 계속 배회했고, 그래서
전혀 용서하지 못했고, 고통스러운 일만 떠올렸고, 그래서
또 용서하지 못했고, 괴롭고, 내가 나쁜 것 같아서,
얼버무리고, 하지만 얼버무리지 못하고, 괴롭고,
그래서 '죽고 싶다' 따위가 닥쳐온 것이 아닐까.
지금까지 나는 '용서'라는 행위를 '내가 상대방에게 용서를
부여한다.'라는 식으로 생각했다. 다시 말해 '허가' 같은
것으로 말이다. 그렇지만 과연 '허가'를 주면 내가 살아갈 수
있을까? 그런 게 아니잖아, 하는 생각이 든다. 누군가가
누군가에게 허가를 부여하는 것은 삶의 중심에 있는 것과
동떨어진 느낌이 든다. 그 느낌만은 분명하다.
삶이란 몸이 생명 활동을 하고 호흡을 하는 상태가 아니다.
내가 나로서 존재하고 이 시대의 이 세계를 신뢰하며,
현재 함께 있는 타인과 친교를 맺으면서 기쁨을 느끼는
것이 삶이라고 생각한다. 그 삶에는 '허가' 같은 것이 끼어들
여지가 없다. 삶이란, 타인과 함께 있는 것이다. '용서할 수
없다'는 것은 타인과 함께 있는 데 오류가 발생한 상태인
것이다.

나를 되찾아야 한다

타인과 함께 있는 것.

이 짧은 문장을 가만히 바라보다가 기묘한 사실을 깨달았다.

나는 지금까지 '용서'와 관련해서 타인만을 생각해왔다. 음? 내가 타인만 신경 쓴 게 오로지 '용서'에 관해서만 그랬을까? 아니라고 생각한다. 아니다, 아니다. 아아, 이게 무슨 일이란 말인가. 내 시선은 지금까지 줄곧 타인만을 향해 있었다.

어린 시절, 나는 부모님 사이로 들어가 유능한 메신저 같은 역할을 했다. 함께 일하던 부모님의 불평불만을 각자에게 들었고, 내가 이야기를 들어줌으로써 두 사람이 스트레스를 풀고 싸우지 않도록 노력했다. 그리고 두 사람의 메시지를 (있는 그대로가 아니라 적절히 다듬어서) 전달하는 역할을 오랫동안 했다. 그때 그곳에 있었던 것은 내가 아니다. 나라는 형태를 한, 타인을 위해 소비되는 어떤 것이었다. 그런 방식이 오랫동안 나에게 완전히 배어들었다. 나는 자신을 계속해서 소비했고, 타인을 위해 나를 바치는 방식으로만 인간관계를 맺었다. 그런 방식이 지속 가능할 리가 없다. 나는 스스로를 거의 전부 소비해버린 것 아닐까? 이제 나는 아주 약간 남아 있을 뿐 아닐까?

슬프다. 점점 슬퍼진다. 그리고 맹렬하게 분노가 치민다. 내가 스스로를 바치면서 했던 일들을 부모는 대체 얼마나 알고 있을까. 그것이 얼마나 큰 희생인지 알고 있을까. 전혀 모른다. 그들은 티끌만큼도 모른다. 내가 스스로를 얼마나 소비해왔는지, 전혀, 전혀 모르는 것이다. 슬프다, 애달프다, 괴롭다, 절규하고 싶다.

타인과 함께 있는 것.
나는 이 짧은 문장 속에 '나'라는 존재가 반드시 필요함을 이제야 깨닫는다. 나라는 존재가 없이 어떻게 타인과 함께 있을 수 있겠는가. 당연히 불가능하다. 나는 나를 되찾아야 한다. 이미 아주 조금밖에 남지 않은 나를 빠짐없이 찾아내야 한다. 나는 할 수 있을 것이다. 해내야 한다.
살아가기 위해서.

요리, 나를 위해서는 한 번도 하지 않은 것

갑작스럽지만, 왠지 머릿속에 요리가 떠올랐다.
왜 그렇게 소소한 게 생각났을까?
나는 요리를 무척 잘한다. 요리하는 걸 좋아해서 빵과 파스타 면을 직접 만들고, 매실절임과 된장도 만든다.
나는 초등학교 고학년 때부터 저녁밥을 만들기 시작했다.
부모님이 부탁하지는 않았다. 귀가가 늦은 부모님 대신 저녁밥을 했더니, 모두 매우 기뻐했다. 요리는 점차 내 역할이 되었고, 대학교에 입학해서 집을 나갈 때까지 이어졌다.

다양한 요리를 만들었다. 완성 직후 가장 맛있는 때 먹이고 싶어서 도중에 요리를 멈추고 2층 창문으로 저 멀리 있는 도로를 내다보며 부모님을 기다렸다. 부모님이 탄 자동차가 나타나면 곧장 부엌으로 돌아가 요리를 마무리했다.
부모님이 늘 웃으며 고맙다고 하지는 않았다. 때때로 그들은 극도로 지쳐서 기분이 안 좋기도 했다. 고맙다거나 맛있다고 말하지 않은 적도 있었고, 그때마다 몹시 쓸쓸했다.
나는 지금도 요리를 좋아하는 편이다. 누군가에게 요리를 만들어줄 때도 많다. '용서'에 대해 생각하는데, 어째서인지 나는 요리를 떠올렸다.
'내가 나를 위해서만 요리를 만든 적이 있었나?'
곰곰이 생각해봤다. 지금까지 수십 년 동안 셀 수 없이 요리를 만들지 않았는가. 나를 위해서 요리한 적이 없을 리가. 대학생 때는 혼자 자취도 했다. 냉장고 속 채소를 잔뜩 넣어 된장국을 끓이기도 했고, 도시락으로 주먹밥을 만들기도 했다. 그러니 나를 위해 요리한 적이 없지는 않다.
요리란, 대체 무엇일까.
이번에도 사전을 펼쳤다. 두 가지 의미가 쓰여 있었다. 하나는 어떤 대상을 능숙하게 처리하는 것. 또 다른 하나는 음식을 만드는 것. 또는 만든 음식. 조리.
내가 지금까지 나를 위해 만든 음식은 사전에 쓰여 있는 의미 중 무엇에 해당할까. 전자인 '어떤 대상을 능숙하게 처리하는 것'이 아닐까. 그에 비해 지금까지 타인을 위해 만든 요리는 후자인 '음식을 만드는 것'이었다고 생각한다. 혹시 나는 지금까지 나를 위해서는 요리한 적이 없지 않을까? 나는 여태껏 타인을 위해서만 요리를 만들어왔는지도 모른다. 요리란, 먹는 사람을 돌보는 일이다. 그 사람을 기쁘게 하고, 즐겁게 하고, 사랑하고, 그 사람의 미래를 기도하는 일이다. 다시 말해서 나는 지금까지 나 자신을 기쁘게 하고, 즐겁게 하고, 사랑하고, 미래를 기도한 적이 없었다는 것이다.

**나를 즐기고, 기뻐하고, 사랑하고,
미래를 기도하는 것**

왠지 요리만 파고들고 말았다. 앞으로 돌아가서 다시 생각해보겠다.
'용서'란 살아가는 것, 즉 삶이다. 그리고 삶의 중심에 있는 것은 타인과 함께 내가 있는 것이라고 앞서 적었다. 타인과 함께 있는 것에 관해 생각할 때, 지금까지 나는 타인에 비중을 두고 생각했다. 하지만 우선은 그 무엇보다도 내가 있어야 뭐든 시작할 수 있다. 내가 없다면, 그곳에 나의 삶은 없는 것이니 당연한 말이다. 내가 없다면, 타인과 함께할 수도 없다. 굳이 말하지 않아도 아는 당연한 사실인데,

나는 왠지 오랫동안 이에 대해서도 타인에게만 주목했다. '용서'가 허가를 주는 것이 아니라면, 무엇일까? 나는 허가의 자리에 즐거움과 기쁨, 사랑과 기도가 있다고 생각한다. '용서'란 타인과 함께 있는 나라는 존재를 즐기고, 기뻐하고, 사랑하고, 그 미래가 안녕하길 바라며 기도하는 것이다. 나는 지금 굉장히 그렇다고 생각한다. 무척, 무척 강하게 그렇다고 생각한다.

'용서'란 타인에게 무언가를 부여하거나, 타인에 대한 나 자신의 마음과 생각을 바꾸는 것이 아니다. '용서'란 내가 나라는 사실을 즐기고, 기뻐하고, 사랑하고, 나의 안녕한 미래를 바라고 기도하는 것이다. 그럴 수 있다면 나는 타인이 어떻든 '용서'할 수 있었다고 말할 수 있지 않을까? 아니, 지금 문장은 의문문이 아니다. 나는 지금 그렇다고 확신한다.

이쯤에서 의식이 다시 요리로 향한다. 요리와 '용서'는 어떤 관계가 있을까? 누군가 전혀 다른 것이라고 하면 그렇다고 순순히 수긍하고 말겠지만, 아무래도 나는 다시 요리에 관해 생각할 수밖에 없다.

제대로 먹을 수 없던 것들

열아홉 살에 섭식장애가 시작되고 오늘에 이르기까지 나는

먹기라는 행위를 자연스럽게 하지 못하고 있다. 내 뱃속에
무언가 들어 있을 때 불편함을 느끼고, 견디지 못해서 전부
토해버린다. 또는 누군가와 함께 시간을 보낸 뒤에 참을 수
없어서 먹고 마신 것을 전부 토해버린다. 가족과 함께 먹은
식사가 내 몸에 강한 불편함을 초래해서 결국 토하고 만다.
몸 상태가 나쁠 때는 토하기 위해 먹는다. 찬밥과 반찬과
먹다 남은 식빵 따위를 맛도 느끼지 않으면서 뱃속에
집어넣고, 그다음에 전부 토해낸다. 아직도 이런 일로
힘들어하고 있다.

책도 많이 읽었다. 이리저리 궁리도 많이 했다. 노력도 했다.
참기도 했다. 하지만 나는 먹기가 계속 힘들다. 자연스레
할 수 없다. 당연하지만 사람은 먹지 않으면 살 수 없다.
나는 그 당연한 일에 계속 오류가 일어나고 있다. 먹기에
오류가 일어난 상태란, 삶 자체에 오류가 일어난 것과
마찬가지 아닐까.

잘 먹을 수 없었던 것들을 차례대로 떠올려본다.
돌이켜보니 그런 기억 속 장면들에서 등장한 음식은 모두
'내가 아닌 누군가를 위해 만들어진 것'이었다. 대량 생산된
음식들. 내가 만든 음식이라 해도, 나를 위한 만든 것은
아니었다. 내가 아닌 누군가를 위해 만든 음식이었다.
몹시 단순하고 소박한 생각이 머릿속에 떠오른다.
'만약 내가 나를 위해 요리한다면?'
시도해볼 가치는 충분할 듯했다.

먹고 싶은 것을 나를 위해 만들어 먹다

요리란 무엇일까? 음식을 손수 차리는 것일까? SNS를 보니 아름다운 요리 사진들이 가득하다. 이런 음식을 만드는 걸까? 나를 위해서 아름다운 음식을 만드는 건 바람직한 일 같다. 틀림없이 기분 좋겠지. 하지만 내가 생각하는 요리가 과연 그런 것일까? 조금 다른 것 같다. 요리는 '만드는' 행위가 중요한 것이 아니라 더욱 근본적인 다른 것 아닐까?

몸에 의식을 집중해본다.
손이 있고, 지금 글자를 입력하는 손가락들이 있다. 그리고 손과 이어지는 팔이 있고, 그 끝에 어깨가 있고, 목, 가슴, 등. 엉덩이에서 뻗어가는 두 다리. 나는 지금 발목쯤에서 두 다리를 교차한 자세로 키보드를 두드리고 있다. 나는 지금, 살아 있을까? 아니, 당연히 살아 있지만, 나는 지금 어떤 상태일까? 배가 살짝 고픈 것 같다.
점심때가 머지않았다.
갑자기 달걀이 생각났다. 쫀득쫀득한 노른자가 생각났다. 아아, 나는 지금 지금 달걀이 먹고 싶구나.
나는 이 글을 도중에 멈추고 샐러드를 만들었다. 얼마 전 농가 직판장에서 구입한, 여느 것보다 부피가 세 배는 되는 적상추를 깨끗이 씻어서 물기를 털고 먹기 좋게 찢었다.

상추를 움푹한 볼에 담지 않고 평평한 접시에 쌓았다.
냄비에 담은 물이 끓기 시작할 때 소금과 식초 약간, 그리고
깬 달걀을 넣어 수란을 만들었다. 달걀을 살살 냄비에서
꺼낸 다음 물기가 빠지게 두었다. 적상추 위에 얇게 저민
키위를 올렸다. 그 뒤에 잘게 부순 땅콩을 조금 올리고,
올리브유를 한 바퀴 두른 뒤 소금을 뿌렸다. 마지막으로
접시 한가운데에 수란. 그 샐러드를 혼자 식탁에서 먹었다.
날씨는 쾌청하고, 밖에서 지저귀는 새소리가 들려왔다.
귀를 기울이니 밖에서 나뭇잎이 바람에 흔들리는 소리가
희미하게 들렸다.
포크로 수란을 찌르자 찐득찐득한 노른자가 흘러나왔다.
노른자가 묻은 상추가 무척 맛있었다. 단단한 땅콩을 씹는
느낌도, 키위의 단맛과 신맛도 좋았다. 나는 '정말 맛있네.'
라고 생각했다. 이걸 먹고 싶었다고도 생각했다. 왠지
즐거웠다. 이 음식이 나의 미래를 만들어줄 것만 같았다.
접시에 듬뿍 담은 샐러드를 전부 먹은 나는 무척 기뻤다.
만족이라는 단어가 떠올랐다. 내가 만족했다고 생각한 게
대체 얼마 만일까. 뱃속이 가득 찼는데도 평소처럼 위가
불편하지 않았다. 내가 아닌 무언가가 내 속에 들어온 듯한
여느 때의 느낌이 없었다.

불가사의한 일이 일어났다. 그날로부터 아직 며칠밖에
지나지 않았지만, 나는 지금까지보다 훨씬 편하게 먹고

있다. 30년 넘게 먹는 것에 고생했는데, 겨우 이런 일로 변화가 일어나다니 놀라웠다. 불편함, 먹기 자체를 거부하고 싶은 마음, 불편한 것을 남김없이 내보내고 싶다는 충동이 치밀지 않았다. 좋아했던 요리가 더욱더 좋아졌다. 다른 사람을 위해 만드는 것도, 나를 위해 만드는 것도 모두 즐거워졌다.

내게 무엇이 일어났을까

이유는 모르겠지만 왠지 이런 생각이 든다. '나를 만족해.' 이건 혹시 '용서'가 아닐까? 나는 나를 위해 요리를 만든 덕분에 나를 즐기고, 기뻐하고, 사랑하고, 미래를 기도한 것이 아닐까? 나는 나를 용서한 것이 아닐까? 나는 나를 용서함으로써 세계를 용서한 것이 아닐까? 세계를 용서하는 것은 세계 속에 자리하면서 내가 속한 세계를 신뢰해보자고 마음먹는 것이다. 나는 지금까지 줄곧 어떻게 해도 세계를 신뢰할 수 없었다. 나는 매번 이 세계에 배신당했다고 느꼈기 때문이다.

지금까지 나는 신뢰할 수 없는 세계에서 스스로를 깎아먹고 계속 소비하며, 나 자신을 어떻게 해도 상관없는 존재로 타인에게 계속 내밀지 않았을까. 먹은 것을 담아두지 못해

전부 토해낼 때, 만나고 싶지도 않은 남자와 섹스를 할 때,
무엇 하나 나다울 수 없었던 행정입원 기간, 나는 누군가가
아무렇게나 해도 상관없는 존재였다. 나는 그런 과거를
거듭거듭 추체험함으로써 '역시 세계에는 절망밖에 없어.'
라고 자신에게 알려주고, 고통을 쌓는 방식으로밖에
삶을 느끼지 못했던 것이 아닐까?
그런 방식이 지속될 리가 없다. 혹시 내게로 닥쳐오는
'죽고 싶다'는 나에게 '이제, 이 방식은 한계야.'라고
알려주는 것이 아닐까? 살기 위해서.
살기 위해서, 나는 내게 '사과'와 '용서'를 해야 했던 것이다.
그리고 그 사과와 용서는 지금까지 살펴본 대로 무언가를
바치는 것, 무언가를 허가하는 것과 전혀 다르다.
내가 처음 생각했던 듯한, 그런 것이 아니었다.
더욱 조용하고 느릿한 보통의 것. 내가 나라는 사실을
즐기고, 기뻐하고, 사랑하고, 미래를 기도하는 것. 그리고
그런 내가 다른 누군가와 함께 있으며, 그 사람과 함께 있는
것을 즐기고, 기뻐하고, 사랑하고, 서로 미래를 기도하는 것.
그처럼 조용하고 능동적인 것.
나는 '사과'와 '용서'를 그렇게 정의한다.

시간이란 무엇인가

시간에 대해 생각한다. 시간을 생각할 때, 벚나무 잎이 떠올랐다.

약 한 달 전, 겹벚나무의 잎을 땄다. 이파리들을 소금에 절이기 위해서였다. 올봄에 찹쌀떡을 소금에 절인 벚나무 잎으로 감싼 사쿠라모치桜餅를 몇 번 만들었다. 사쿠라모치는 벌써 20년 동안 만들어왔다. 벚나무 잎을 소금에 절이는 게 그리 어렵지 않다는 걸 알았지만 지금까지는 직접 절이지 않고 사다가 썼다. 그러다 올해, 불현듯 만들어보자는 생각이 들었다.

부드러워 보이는 잎을 골라서 따고 봉지에 담았다. 집에 가져가서 꼼꼼하게 씻고 열다섯 장씩 무명실로 묶은 다음 끓는 물에 살짝 데치고 소금물에 담갔다. 작업은 겨우 이걸로 끝. 소금에 절인 벚나무의 어린잎은 산뜻한 초록색으로 매우 아름다웠다.

왜 지금까지 직접 벚나무 잎을 소금에 절이지 않았을까?

몇 번 만들어볼까 생각하기도 했고, 만들기 쉬운 데다 직접 만들면 향기가 각별하니 한번 해보라고 권유를 받은 적도 있었는데, 왜 나는 직접 만들 생각을 하지 않았을까. 그 이유에는 아무래도 시간이 관련 있을 것이다. 벚나무 잎을 따는 시기는 꽃이 저물고 잎이 돋아나는 5월경. 5월이면 벌써 사쿠라모치를 먹는 철이 지난 때라 벚나무 잎을 수확해서 절여도 이듬해 봄에나 쓸 수 있다. 나는 도저히 1년이나 되는 긴 시간이 지난 뒤를 상상할 수 없었던 것이다. 1년 뒤에 내가 어떻게 되어 있을지 알 수 없었다. 그리고 그토록 긴 시간을 기다릴 기력이 도저히 솟아날 것 같지 않았다.

시간을 빼앗겨왔다

사람은 시간을 어떻게 인지하고 있을까.
나의 시간에 대한 인식은 신체에 대한 인식과 무척 비슷하다. 내게 시간은 중간중간 끊긴 선 같고 뿔뿔이 흩어져 있다. 있어야 할 것이 있어야 하는 자리에서 느껴지지 않고, 너무 가깝거나 너무 멀게 제자리와 전혀 다른 곳에 어지러이 흩어진 것으로 인식한다. 나는 신체에 대한 감각과 마찬가지로 시간에 대해서도 그처럼 느꼈다. 그렇지만 최근 들어 시간을 단편적이지 않고 전보다

매끄럽게 이어진 것으로 느낀다. 신체의 윤곽을 한 줄기 선으로 느끼듯이 내 인생에 흐르는 시간을 완만한 한 줄기로 조금이나마 그릴 수 있게 된 것 같다.
요즘 나는 시간이라고 하면 자연스레 '기다림'에 대해서 생각한다. '기다림'이라는 말을 듣고 바로 연상하는 것은 지난여름의 행정입원이다.
나는 그곳에서 계속 기다림을 강요당했다. 나를 기다리는 사람은 아무도 없었다. 나는 누구에게도 기다려지지 않고, 계속 기다림을 강요당했던 것이다. 앞으로 누구도 나를 기다릴 일은 없지 않을까 생각했다.
사람이 다른 사람을 기다릴 때, 두 사람 사이에는 경의가 생겨난다. 사람이 나를 '기다리지 않을' 때, 나는 인간이 아니게 된다. 나는 그저 호흡할 뿐인 유기체가 된다.

얼마 전, 도쿄도 현대미술관에서 싱가포르에 거점을 두고 활동하는 예술가 호 추 니엔何子彥의 개인전 '호 추 니엔: 에이전트의 A'를 봤다. 그 전시에는 「교도소(기다리다)」라는 작품이 있었다. 교도소의 독방 침대에 한 수용자가 걸터앉아 있다. 가로세로로 교차하는 격자 모양 쇠창살 너머로 힘없이 고개 숙인 수용자의 옆얼굴이 보인다. 그 작품 옆에 다음과 같은 글이 게시되어 있었다.
"감옥에서 느끼는 부조화에 대해 많은 수용자들이 타인의 시간을 받은 것 같은 상태라고 표현한다. 자기 자신의 시간은 법정에서 몰수된 것이다."
그 작품을 보고 옆에 게시된 글을 읽었을 때, 나 자신의
시간에 대해 생각했다. 내가 열네 살부터 말년이라고
느끼며 보내온 시간을. 그리고 행정입원을 했던, 5년으로
느껴진 7주 동안의 시간을. '죽고 싶다'가 닥쳤을 때 느끼는
시간에 대해서도 생각했다. 먹은 것을 도로 토하지 않고는
배길 수 없는 나의 시간, 남자와 만나서 뿔뿔이 흩어진
나의 시간. 그런 시간도 생각했다.
호 추 니엔의 전시에서 보았듯이 나도 '타인의 시간을 받은
듯한 상태'였을까? 그와는 조금 다른 것 같다. '내 시간을
몰수당했다'는 것은 바로 내 이야기다. 빼앗긴 내 시간은
공중에 둥둥 떠서 어딘가로 떠나갔다. 나는 시간을 잃은 채,
그것을 대신할 시간을 갖지도 못한 채 여기까지 와버린
것 아닐까?
현대미술가 스기모토 히로시의 말이 다시 생각난다.
"시간에 대한 의식을 갖는 것이 마음을 지니게 되는
첫걸음"이라면, 시간을 뺏긴 나는 시간에 대한 의식을
잃어버리고, 마음까지 잃어버린 것이 아닐까?

출산 전, 마음을 갖고 '기다렸다'

그러고 보니 '기다림'을 생각한 시기가 한 번 더 있었다.

그것은 임신 기간, 출산 전의 일이다. 출산 예정일을 알려 주긴 하지만, 아기가 그날 태어날지는 누구도 모른다. 오히려 예정일과 다른 날 태어나는 경우가 많다. 내가 경험한 세 차례의 출산은 모두 예정일과 다른 날이었다. 산달이 되면 나는 무척 불가사의한 마음이 들었다. 언젠가 반드시 출산한다는 사실을 알고 있었다. 그날이 머지않았다고 알고 있었다. 하지만 그날이 오늘일지, 내일일지, 일주일 후일지는 알 수 없었다. 두려워하고, 고대하고, 걱정하고, 기대하는 등 마음이 복잡하게 움직였다.

그 무렵 내가 '이처럼 무언가를 기다린 적이 있었나?'라고 생각했던 것이 분명히 기억난다. 나는 오늘날 이처럼 풍요로운 '기다림'이 또 있을까 생각했다.

나는 그때 마음껏 시간 속에 있었다. 즉, 마음을 지닌 채 '기다리고 있었다'. 그때 나는 틀림없이 나 자신의 시간을 몸에 지니고 있었다. 그렇기 때문에 나는 '기다림'이 가능했던 것 아닐까.

나는 일찍이 시간을 빼앗겼을지도 모르지만, 그럼에도 내 시간을 지녔던 때가 있었다. 그리고 나는 지금 다시 한 번 나 자신의 시간을 가지려고 하는 것 아닐까. 시간을 가진다는 것은 미래를 상상하면서, 현재의 나로부터 이어지는 시간을 파악하는 것이다. 그것은 미래를 향한 기도와도 통한다.

어머니의 주먹밥

이 대목에서 나는 다시 요리를 떠올린다. 요리란 무엇일까?
먹을거리를 준비하는 것. 그리고 그 요리를 먹는 것은
타인을 받아들여 내 것으로 삼고, 에너지로 변환하여
내일부터 이어지는 시간을 살아가는 것. 이번에도 그것은
곧 '용서'라는 생각이 든다.
나는 그 뒤로 계속 나를 위한 요리를 만들고 있다. 오늘은
나를 위해서 김을 듬뿍 두른 주먹밥을 만들었다. 부드러운
김으로 감싼 주먹밥을 한 입, 또 한 입 천천히 먹었다.
식탁에서는 바람에 흔들리는 나무가 보였다. 나뭇잎은
바람에 따라 계속해서 살랑살랑 흔들렸다. 바람에 흔들리는
이파리의 움직임은 다 똑같은 것 같지만, 단 한 차례도
같지 않다. 마음도 시간도 마찬가지 아닐까.
주먹밥은 맛있었다. 주먹밥을 먹으면서 나는 어머니가
만들어준 주먹밥을 떠올렸다. 무척 오랜만에 어머니의
주먹밥이 먹고 싶었다. 내가 만든 것보다 크고 각진 삼각형
주먹밥. 그 주먹밥을 지금 먹으면 어떤 기분이 들까.

이틀 전에 본가에서 전화가 왔다. 본가의 전화번호가
휴대전화 화면에 표시되면, 어째서일까, 나는 언제나 숨이
막힐 것 같다. 가만히 숨을 멈추고, 잔뜩 긴장한 채, 전화가
끊길 때까지 휴대전화를 응시했다. 열다섯 번 정도 벨이

울리자 전화가 끊겼고, 나는 그제야 간신히 숨을 쉬었다.
부모님이 내게 듣기 싫은 말을 하지않는다는 걸 알고 있다.
나를 걱정해서 전화하는 것도 알고 있다. 하지만 나는
도저히 안심하고 평범하게 그들을 마주하지 못한다.
이틀이 지났지만 여전히 나는 본가에 전화를 다시 걸지
못하고 있다. 전화해야 한다고 생각하지만, 시간만
질금질금 흐르고 있다. 언젠가 나는 어머니에게 주먹밥을
먹고 싶다고, 만들어달라고 말할 수 있을까? 말한다고
해도, 나는 어머니의 주먹밥을 먹을 수 있을까? 어머니의
주먹밥을 먹고 몸속에 이물이 들어온 것 같아 주체할 수
없이 토하고 싶지는 않을까? 어머니의 주먹밥을 먹는 것은,
즉 어머니를 받아들이는 것이다. 지금의 내가 그럴 수
있을까?

나는 무엇을 받아들이기 힘든지 점점 모르겠다. 그리고
생각할수록 점점 힘들어진다. 괴로워진다. 점점 더
모르겠다. 나는 어머니의 주먹밥을 먹고 싶지만, 어머니의
전부를 용서할 수 있을지는 모르겠다. 아직 괴로운 것이
있다.

그렇지만 생각해보면 전부를 용서할 수 없는 게
당연하지 않을까? 그 사람의 전부를 내가 용서할 필요도
없다. 아니, 필요를 따지기 전에 애초에 불가능한 일
아닐까?

시간의 기억, 현재의 가족

이 글을 쓰는 현재, 내 속에 갑자기 홍수처럼 지금까지 겪은
인생의 다양한 장면들이 밀려들고 있다.
본가에서 지낸 시간의 기억. 부모님과 함께한 시간의 기억.
지금까지 내 시간의 기억. 좋은 때도, 나쁜 때도, 즐거운
때도, 힘든 때도, 괴로운 때도, 슬픈 때도 있었다.
그 기억들이 내 속에 틀림없이 담겨 있다. 나는 그것을
다시금 생각해낸다. 시간은 사라지지 않았다. 빼앗긴 것이
아니었다. 시간은 마음과 함께 있다. 마음에는 시간이라는
것이 필요하다.

나는 지금의 가족을 생각한다.
종종 가족에게 내가 없는 편이 낫지 않을까 생각한다.
내가 없으면 남편은 안심하고 행복하게 살지 않을까?
내가 없으면 아이들은 행복하지 않을까? 실제로 몇 번
물어보고 "그럴 리 없어. 당신이 있어야 행복해."라는 답을
들었지만, 나는 도저히 그 말을 믿을 수가 없다. 나처럼
고된 인간이 평범한 사람들처럼 누군가와 행복한 시간을
보내려 한다니 불손하지 않은가 생각할 때도 있다.
내가 부모님으로부터 괴로운 감정을 느끼는 것 이상으로,
내가 아이들에게 괴로운 감정을 주고 있지는 않을까?
그런 생각을 하면 나는 누구도 탓할 수 없을 것만 같다.

내게는 그런 권리가 없는 것만 같다. 나 같은 사람이 '상처받았다'는 말을 해서는 안 된다는 생각이 든다. 힘들다고 말하면 안 될 것만 같다.
그럴 때 내게로 '죽고 싶다'가 다가온다. 아니, '죽고 싶다'가 다가와서 그런 마음이 싹트는지도 모르겠다. 하지만 나는 생각한다. 나는 역시 살고 싶은 것이다. 몹시 살고 싶은 것이다.
나는 전혀 괜찮지 않다. 아무래도 힘든 일이 있고, 괴로운 일이 있고, 받아들이기 힘든 일이 있다. 하지만 그와 동시에 기쁜 일이 있고, 즐거운 일이 있고, 미래를 기도할 때가 있다. 그런 일들을 발견해낸 것은 내게 무척 뜻깊다는 생각이 든다.
내가 나라는 사실을 기뻐할 때, 그 감정은 작디작아서 약한 바람에도 날아갈 것처럼 보잘것없지만, 그 감정에는 지금까지 느끼지 못했던 굳은 심지 같은 것이 있으리라고 생각한다.

기꺼이, 즐겁게 먹은 때도 있었지

내 몸의 윤곽이 완만하게 하나의 상을 이루는 듯이 느껴진다. 불완전하고 찌그러진 나라는 하나의 존재를. 나는 매우 단순한 것을 생각한다. 나는 힘들었구나.

슬펐구나. 쓸쓸했구나. 많은 날 동안 나는 외톨이로
힘겨웠구나. 그래도 나는 여기까지 어떻게든 간신히
왔구나.
어떤 요리가 떠오른다. 백혈병으로 입원해 있을 때,
아버지가 그라탱을 만들어 온 적이 있다. 지나치게
심심하고 전부 미적지근한 환자식에 마침내 질린 내가
따끈따끈한 그라탱이 먹고 싶다고 말했던 것 같다. 요리를
잘하는 아버지는 오븐으로 그라탱을 만들고 뚜껑 달린
그릇이 식지 않도록 신문지로 단단히 감싸서 병실에
가져왔다. 집에서 병원까지는 자동차로 30분은 걸렸다.
30분 넘게 지났음에도 병실에서 그릇을 열자 음식은 마치
지금 막 오븐에서 꺼낸 듯이 따끈따끈했다. 아버지는
"뜨거운 건 뜨겁고, 차가운 건 차가워야 제맛이지."라며
뜨거울 때 얼른 먹으라고 만족스럽게 말했다. 나는
따끈따끈한 그라탱을 먹었다. 그라탱에서는 살아 있는 맛이
났다. 따끈따끈하고, 무척 맛있었다.
나는 지금, 울고 있다. 키보드를 두드리는데 눈앞의 글자가
번져 보인다. 나는 그 그라탱을 정말이지 맛있게 먹었던
것이다. 기꺼이, 행복하게 먹었던 것이다. 그때 나는
외톨이가 아니었다. 나에게는 시간도 마음도 분명히
있었다. 나 자신의 시간이 나 자신에게 확실히 있었다.
내게 나쁜 시간만 있지는 않았다. 그게 당연한데, 그런 걸
떠올리지 못할 만큼 나는 전부 싸잡아서 마음을

묻어버린 것일까. 나는 충분히 소중하게 여겨졌다.
나는 많은 순간 누군가의 소중한 존재였다.

흐르기 시작한 나의 시간

나는 지금까지 마법 같은 것을 원했는지도 모르겠다.
정신과를 다니는 것, 상담을 받는 것, 사고방식을 개선해
준다는 책을 찾아 읽은 것, 힐링 테라피를 받은 것.
그런 것들이 이 세계에 유일하게 존재하는 정답을 알려줄
것이라고 생각했다. 매번 기대를 했고, 매번 실망을 했다.
그때마다 나는 '이건 가짜야.'라고 생각했다. 혹은 '나한테
뭔가 문제가 있나? 이 방법이 듣지 않는 원인이 나한테
있지 않을까?'라고 생각했다.
그렇지만 전부 잘못 생각한 것이었다. 마법처럼 내 문제를
단번에 해결해주는 방법은 없다. 내가 떠안고 있는 고통이
안개처럼 산산이 흩어지는 날은 앞으로도 없을 것이다.
나는 아직도 본가에 전화를 걸지 못하고 있다. 부모님을
마주하기가 여전히 어렵고 두렵다. 앞으로 전화를
걸 수 있을지 잘 모르겠다.
그렇지만 나는 전화하지 못하는 자신을 부모님께 '사과'
하면서, 그와 동시에 부모님을 '용서'할 수 있다고 생각한다.
나는 주위 사람들에게도 지금까지 내가 상처 입힌

그 사람과의 시간에 대해 '사과'하고 싶다. 그리고 그들이 부디 나를 '용서'해주길 바란다. 앞으로의 시간을 부디 나와 함께 있어주길 바란다. 나는 아버지와도, 어머니와도, 남편과도, 아이들과도 함께 있고 싶다. 그들과 함께 있는 시간을 기꺼이 여기고, 즐기고, 미래로 이어지는 시간을 기도하고 싶다. 나는 너무 이기적인 사람일까. 나는 지나친 이상주의자일까.

나는 지금, 내가 이곳에 있으며 내 몸이 이곳에 존재하는 것을 느낀다. 나는 지금, 내 시간이 흐르는 게 느껴진다. 아무것도 해결하지 않았고, 무엇도 괜찮아지지 않았는지도 모른다. 앞으로도 나는 힘들어하고 고통을 겪겠지.

죽고 싶겠지.

그래도 그와 동시에 나는 생각한다. 나는 지금 몹시 살고 싶다. 나는 지금 분명히 이곳에 살아 있다.

만지다

어린 시절부터 뿔뿔이 흩어진 듯이 느껴왔던 내 몸을
요즘 들어 부드럽게 그려지는 하나의 상으로 느낄 수 있다.
솔직히 무척 놀라운 일이다. 내게 대체 무슨 일이
일어난 걸까?
지금까지 내가 몸을 잘 느끼지 못하는 것은 자폐스펙트럼
경향 때문인 줄 알았다. 자폐스펙트럼은 변할 리가 없는데,
무엇이 변화한 것일까. 평소에 느끼는 내 몸은 언제나
각 부위가 여기저기 흩어져 있어서 발목은 아주 가까이,
복사뼈는 저기 멀리, 옆구리는 실제보다 훨씬 가까운
식으로 느꼈다.
나는 침대에 누워서 내 몸의 경계선을 따라간다. 손끝, 손목,
팔. 발끝, 복사뼈, 장딴지, 허벅지. 엉덩이, 등, 배, 가슴, 목,
그리고 얼굴과 머리. 손으로 만져보니, 손이 있다고 생각한
곳에 분명히 손이 있다. 당연한 일 같겠지만, 예전에는
내 느낌과 다른 곳에 내 손이 있었다. 있을 리 없는 곳에

몸의 각 부위가 있는 것은 언제나 기묘한 느낌이었다.
그런 느낌은 어린 시절부터 있었다. 나는 유아기부터
아토피 피부염이 심해서 어릴 때는 목욕 후에 언제나
부모님이 몸에 연고를 발라주었다. 지금도 선명히 기억하는
것이 내가 엎드려 있고 어머니가 허벅지 뒤쪽에 연고를
발라주던 장면이다. 어머니의 손끝이 내 허벅지 뒤쪽을
만졌다. 손끝이 미끄러지듯이 움직이며 연고를 넓게
펴 발랐다. 하지만 나는 그 감촉이 나로부터 훨씬 먼 곳,
느낌으로는 머리보다 앞쪽에서 느껴지는 것 같았다.
어머니가 연고를 발라주는 동안 내가 신기하다고 생각했던
것이 기억난다.
그 무렵부터 나는 몸이 내 것임에도 불구하고 내게서
꽤 멀리 떨어진 곳에 뿔뿔이 흩어진 듯이 느꼈다. 내가
내 몸을 만져도, 누군가 나를 만져도, 내 몸이 내가 아닌 듯
흐릿한 감촉, 내 몸의 부위가 있어야 할 곳에 없는 감각이
언제나 있었다.

우리는 유한한 존재니까

'만지다'와 '만져지다'란 무엇일까. '만지다'와 '만져지다'
에는 만지는 주체와 만져지는 대상이 필요하다. '만지다'
에도 '만져지다'에도 우선은 '나'라는 존재가 필요한 것이다.

여기서 '나'란, 살아 있는 몸을 지니고 있는 나를 가리킨다. 왜 이런 걸 적느냐 싶을 만큼 당연한 말이지만, 몸이 없으면, 그리고 살아 있지 않으면, '나'는 없다. 이렇게 생각해보니 '나'라는 존재, 그리고 '만지다'와 '만져지다'라는 행위는 퍽 무너지기 쉬운 것이다.

여기서 나는 시간에 대해 생각한다. 시간이 있다는 것은, 과거가 있고, 현재가 있고, 미래가 있다는 뜻이다. 내가 시간을 인식할 때, 그 순간 유한성이 생겨난다. 나에게 시간이 있는 것은 내가 유한한 존재이기 때문이다. 나는 유한한 몸을 지니고 있고, 유한한 시간을 내포하고 있다. 그리고 내면에 마음이 존재한다. 나라는 존재는 그런 것 아닐까.

만져지는 대상 역시 만지는 주체와 비슷한 존재다. 사람이든 물건이든 만져지는 대상은 무언가 몸, 혹은 실체가 있는 유한한 존재다. '만지다'와 '만져지다'는 유한하고 유기적인 존재들끼리 하는 행위인 것이다. 여기까지 적으니 만지는 것이란 몹시 불안정한 행위라는 생각이 든다.

아이를 낳은 순간의 기억

'만지다'에 관해 생각할 때, 나는 한 광경을 떠올린다. 처음 출산했을 때 말이다. 나는 당시 대학생, 스물한 살이었다. 출산의 감각은 무척 불가사의했다. 온몸이 무언가에 빨려 들어가는 느낌이 들었다. 통증이라고 하면 통증이었는지도 모르지만, 내가 그때껏 알던 통증이라는 단어의 범주를 아득히 뛰어넘었다. 경험한 적 없는 무시무시한 무언가가 나를 전부 집어삼키고, 내가 거대한 소용돌이 속으로 휘말리는 것 같았다. 나는 그 와중에 아무것도 하지 못하고, 도중에 쉬지도 그만두지도 못하고, 그저 그 자리에 있을 수밖에 없었다.

내가 있는 건지, 없는 건지, 깨어 있는 건지, 잠든 건지, 의식이 있는지, 의식을 잃었는지, 잘 알 수 없었다. 내 몸이 평소와 비교도 할 수 없을 만큼 뿔뿔이 흩어진 듯했다. 뿔뿔이 흩어지긴 했지만, 몸의 단편들은 압도적으로 무시무시한 소용돌이 한복판에 있었다. 그리고 소용돌이 속에서 어떻게든 나 자신을 유지하려 정신없이 애쓰는 사이에 몸의 중심에서 거대하고 미끈미끈한 무언가가 줄줄 밖으로 끌려 나가는 것 같더니, 아이가 태어났다.

그 순간의 일을 똑똑히 기억한다. 이 세계의 모든 빛이 나에게 집중된 듯이 눈부셨다. 뿔뿔이 흩어진 몸의 부위들이 그 순간 하나의 상을 그리면서 나라는 존재로

통합된 것 같았다. 그런 경험은 난생처음이었다. 내 일부
였던 아기는 내 체온을 절반 나눠 가진 상태로 바깥세상에
나서서 더 이상 내 일부가 아니었다. 조산사가 수건으로
아이의 젖은 몸을 닦아주고 곧장 내 가슴 위에 눕혔다.
아기의 몸에는 아직 피가 조금 묻어 있었다. 표면에는 얇고
하얀 기름막이 있었고, 피부는 빨간색에, 몸을 오들오들
떨듯이 약하게 움직였다. 내 가슴 위에는 잔뜩 상기된
나보다도 체온이 높은, 일찍이 나였지만 이제는 내가 아닌
생명이 있었다. 내 신체가 존재하는 느낌이 어느 때보다
뚜렷해서 내가 이 세계의 바로 이곳에 지금 있다는,
그런 느낌이 강하게 들었다.
가냘프지만 생각보다 훨씬 강하게 가슴 위에서 움직이는
아기를 내 오른손 검지로 만져보았다.
아기의 표피는 어쩌나 부드러운지, 내가 지금 만지고 있는
것인지, 아직 만지지 않은 것인지 알 수 없을 정도였다.
포동포동이나 말랑말랑 같은 안이한 형용사로는 전혀
묘사할 수 없는, 갓 태어난 생생한 몸이 그곳에 있었다.
내 가슴의 피부와 아기의 피부가 한참을 닿아 있었다.
떨어지기 어려울 만큼 딱 붙어서 내가 아기인지, 아기가
나인지 알 수 없을 정도였다. 누가 누구인지 알 수 없는데도
내가 없어진 느낌은 아니었다. 나라는 하나의 존재가 어디
하나 빠진 부위 없는 몸을 지니고 있었다. 아기 역시 바람
불면 날아갈 듯이 가냘픔에도 결코 다른 무엇이 아닌

한 사람으로 존재했다.

그곳에는 '만지다'가 있었다

출산해서 아이를 가슴 위에 올렸을 때, 나는 틀림없이 '만졌다'고 생각한다. '만지는' 동안 나는 나 자신을 분명히 갖고 있었다. 나는 몸을 갖고 확실히 살아 있었다. 아기도 마찬가지였다. 아기는 굳세지 않고 흐늘흐늘했지만, 그렇다고 해서 존재감이 없지는 않았다. 작고 아무것도 하지 못해도, 존재감은 압도적이었다고 생각한다. 내가 손끝으로 살며시 만지면 아이는 뚜렷하게 반응하고 움직였다. 체중의 중심을 완만하게 옮기면서 몸을 천천히 움직였다.

그때 아기는 아직 자신의 의지로 몸을 자유롭게 움직일 수 없었다. 그런 점을 고려하면 아기는 '만져지기'는 했어도 '만지기'는 못 한다고 할 수 있다. 하지만 나는 그때 아기가 일방적으로 '만져지기'만 했다고 생각하지는 않는다. 아기는 자기 자신을 확실히 지닌 채 자기 외의 것에 모든 존재를 의지하는 느낌을 갖고 있지 않았을까. 그런 아기를 통해 '만지다'의 본질이 나타난 것 아닐까.

만지는 것은 일방적인 행위가 아니다. 또한 '만져지는'

존재는 수동적이기만 하지는 않다.
'만지다'와 '만져지다'는 지극히 상호적인 행위라고 생각한다. 둘 중 하나만 없어도 '만지다'는 성립될 수 없다. 또한 만지고, 만져지는 입장은 고정되어 있지 않다. 서로의 입장이 항상 바뀌고, 마치 그러데이션처럼 누가 만지는 쪽이고 누가 만져지는 쪽인지 뚜렷이 나눌 수 없게 변해간다.
'만지는 것'은 동시에 '만져지는 것'. '만지는' 동시에 '만져지고', 양자의 경계선이 열리거나 닫히면서 연결되고, 한데 녹아들고, 또는 별개의 경계선끼리 닿는다. 물리적인 의미로만 닿는 것이 아니라 시간의 의식도 포함된다. 개별적인 유한한 시간을 지닌 우리는 각자의 시간을 지니고 모여서 서로 만진다. 우리는 시간까지도 열거나, 닫거나, 연결하거나, 한데 녹이면서, 혹은 별개의 시간을 가지면서 같은 자리를 공유한다.

'손에 넣을 수 없다는 사실'을
뼛속까지 알기 위해

나는 떠올린다. 남자와 섹스할 때의 내 몸과 시간을. 나는 그때 몸을 갖고 있지 않았다. 내 몸은 조각조각 나뉘어 전혀 다른 차원에 흩어져 있었다. 나라는 존재는 몸을 지니지 않은 공허의 은유일 뿐이었다. 나는 그때 살아 있다고 할 수 없는 상태 아니었을까. 삶과 죽음의 사이에 있는 듯한 상태. 그 상황에 '만지는 것'이 없었다면, 그리고 내가 '만지는 것' 혹은 '만져지는 것'을 원해서 남자와 섹스를 한 것이 아니라면, 나는 무엇을 위해 그걸 했을까? 자연스럽게 그리된 것은 아니었다. 나는 매번 저항하기 어려운 힘에 휘말려 섹스를 하고 싶어졌다. 그것은 내 이성과 제어의 영역을 훨씬 뛰어넘은 일이라서 나는 사실 그러고 싶지 않다는 것을 알면서도 어쩔 수 없이 섹스를 할 수밖에 없었다.

나는 그 만남에서 '만지다'와 '만져지다'를 손에 넣을 수 없음을 분명히 알고 있었다. 알면서도 그것을 강하게 원한 셈이다. 그렇다면 나는 '손에 넣을 수 없다는 사실'을 '손에 넣기'를 원했다고도 할 수 있지 않을까? 여기서 '손에 넣을 수 없는 것'은 대체 무엇일까?

'만지다'는 축복이다

'만지는 것'은 내게 다음과 같은 것을 가져다주지 않을까? '내가 나라는 사실을 축복받고 있다'는 것. 그리고 '나는 당신이 당신이라는 사실을 축복하고 있다'는 것. 그처럼 매우 단순한 것.

다시 출산 직후의 일이 떠오른다. 아무것도 걸치지 않은 내 가슴 위에 올라가 있는 갓 태어난 알몸의 아기.
그때 나는 그 아이가 어디의 누구고, 어떤 학교를 졸업했고, 사회적으로 어떤 활동을 하는지 아무것도 몰랐다. 당연한 말이다. 아기는 지금 막 태어났으니까. 그런데 생각해보면 사람과 사람이 이처럼 만나는 경우는 거의 없다.
사람과 만날 때, 우리는 대부분 그 사람의 이름이 무엇인지, 몇 살인지, 어디에 사는지, 무슨 일을 하는지 같은 정보를 미리 알고 만난다. 그 정보를 단서로 그 사람에게 흥미를 품거나 흥미를 잃고, 혹은 더 알고 싶다고 생각하거나 아예 만나지 않는다.
그런 점을 고려하면 내가 아기와 처음 만났던 그 순간은 무척 보기 드문 상황이었다. 지금 막 태어나서 아직 이름도 없는, 헐벗은 채 꼬물거리는 작고 가냘픈 몸. 하지만 매달리듯이 내 가슴 위에 있는 그 몸은 보기보다 훨씬 무거웠다. 그 몸은 무척 따뜻했다.
나는 그 아기가 내가 나라는 사실 이상을 원하지 않는다고 느꼈다. 내가 지금까지 한 일, 좋은 것도 나쁜 것도, 어느 쪽인지 알 수 없는 것도, 전부 그대로 괜찮다고 내게 말해주는 듯했다. 내가 한 일, 하지 않은 일, 전부 그걸로 됐다고 말해주는 듯했다. 그와 동시에 나도 그 아기가 어떤 사람인지는 상관하지 않았고, 지금 내 가슴을 움켜쥔 작은 손이 그 이상도 그 이하도 아닌 듯이 느꼈다. 내 경계선이 뚜렷하게 나타나서 아기의 연약하지만 분명한 경계선과 맞닿아 녹으며 한데 섞이는 듯했다. 시간이 흐르는 것 같으면서도 멈춰 있는 것 같았다. 이렇게 돌이켜보니 그때 나는 분명히 '만졌고', '만져졌다'고 확신할 수 있다.

나는 '만지다'의 부재에서
무엇을 확인했을까

나는 '용서하다'와 '용서받다'에 대해 생각한다. '만지다'와
'만져지다'에 있는 '내가 나라는 사실을 축복받다.'와
'당신이 당신이라는 사실을 축복하다.'는 '용서하다',
'용서받다'와 무척 비슷하다.
'내가 나라는 사실'은 인간 삶에서 가장 기본적인 것이
아닐까. '당신이 당신이라는 사실'은 타인과 살아가는 데에
가장 근본적인 것 아닐까.
'만질 수 없는' 상황, '만져지는 일이 없는' 상황이란,
'내가 나로 있기'가 마음대로 되지 않는 상황을 가리킨다.
'당신이 당신으로 있기'가 불가능한 상황이다. 그것은 즉,
'살아 있는데, 실은 살아 있지 않은 상황'이다.

남자와 만날 때, 나는 그 상황에 '만지다'도 '만져지다'도
없다는 사실을 굳이 경험하려고 간 것이 아닐까? '없다'는

사실을 확인하기 위해? 어째서 그토록 귀찮고 수고로운
일을 해야 할까? 혹시 그것은 '내가 나로서 있지 않은 세계',
그리고 '당신이 당신으로 있지 않은 세계'를 경험하는 것,
즉 '내가 실은 살아 있지 않은 상황'을 확인하는 것이
아닐까. 그렇구나. 나는 생각한다. 그런 거였구나!
나는 '내가 나로 있을 수 없는' 세계, 그리고 '당신이 당신
으로 없는' 세계에 있었다. 그 속에서 거듭거듭 고통스러운
경험을 해왔다. 스스로를 죽이고 부모님을 위해 가능한
나를 계속 바쳐온 유년기. 내게 괴롭고 힘든 시간을 가져온
백혈병이라는 병명을 알게 된 날. 어디에 가도 적응하지
못하고 나에게 제자리는 없다고 느껴온 지난날들.
나는 그날들에서 줄곧 나로서 있을 수 없었다.
그러지만 그와 동시에 부모님으로부터 "너를 진심으로
사랑한단다."라는 말을 들으며 자랐다. "너는 그냥 그대로도
괜찮아."라는 말을 실제로 들었다. 말은 그렇게 해주었지만,
나는 부모님이 내가 '어떤 사람'이 되길 바란다는 사실을
잘 알고 있었다. 그 바람은 직설적으로 공부 잘하는 학교에
진학하라는 말을 듣는 것보다 훨씬 복잡하고 어려운
일이었다. 내가 느낀 메시지와 다른 말이 귓가에서 계속
맴도는 것은 나를 혼란스럽게 했다.
'내가 나로 있을 수 없다'고 느낀 것은 그저 내 착각 아닐까?
내가 이상한 것 아닐까? 나는 그 원인을 찾았다.
어느 곳에서는 병이라고 했다. 다른 곳에서는 장애라고

했다. 그럴지도 모른다. 그럴지도 모르지만, 훨씬 단순한
것을 누구도 지적하지 않은 것 아닐까?

상처를 재현하고 고통을 맛봄으로써

남자와 섹스를 시작하고, 너무 지루해서 언제 끝날까 생각
하며 그 행위를 끝내고, 돌아가는 길에 '죽고 싶다'가
들이닥쳤을 때, 내 속에는 '내가 나로 있을 수 없었던 일들'
이 하나씩 당시 입은 상처와 함께 재현되지 않았을까?
나는 모든 사람이 착각이다, 오해다, 병 탓이다, 장애 때문
이다, 하고 말했던 일들을 그렇지 않다고, 그런 게 아니라고
부정하면서 내 속에는 틀림없이 '내가 나로 있는 것'을 용납
하지 않는 상황이 있고, 그에 내가 깊은 상처를 입었음을
확인하고 싶었던 것이 아니었을까?
지금, 내 몸 깊은 곳에 강한 전류가 흐르는 듯한 감각이
느껴진다.
나는 힘들고, 슬프고, 괴롭다. 내가 너무나 가엾다.
나는 내가 가엾다고 생각했다. 가엾다니, 나 자신을 그렇게
생각한 적은 단 한 번도 없었다. 하지만 나는 지금이라면
예전의 나를 조금 떨어진 자리에서 바라볼 수 있다.
예전의 나는 그러지 못했다. 나 자신을 생각하려 하면,
우선 혼돈한 소용돌이 같은 강렬한 흐름과 맞닥뜨리고,

그 강렬한 소용돌이에 삼켜져서 결국에는 아무것도 알 수
없게 되었다. 지금은 그 소용돌이 자체에서 조금 거리를
두고 나를 조용히 바라볼 수 있다.

나는 본래 '만져야 하는' 섹스를 통해 그 행위 속에서 결코
'만져지지 않음'을 확인했을 뿐이었다. 나는 내가 상대방
에게 결코 '만져지지 않는' 것, 그리고 상대방이 결코 나를
'만지지 않는' 것에 깊은 상처를 받는다. 그 상처는 오래전의
내 상처를 재현한다. 상처를 받았다는 사실은 내가 그때
그곳에 분명히 존재했다는 증거다. 상처를 재현하고,
그 무참함과 고통을 다시금 맛봄으로써 나는 오래전의
내 존재를 발견한다.

그와 정반대에 있었던 것이 출산 직후 아이와 함께한 시간
이었다. 나는 그때 '만지고', '만져졌다'. '만져지고', '만졌다'.
다르게 표현해 '용서하고', '용서받았다'고도 할 수 있다.
그 상황에는 고통이나 상처와 다른 무언가가 있었다.
과거의 고통과 상처가 흔적도 없이 사라진 것은 아니었다.
그것은 있었을지도 모르지만, 무엇보다도 먼저 나는 그
장소와 시간에 나라는 몸을 지니고 분명히 있었다.
'살아 있다'는 실감이 있었다. 그 감정은 기쁨이었다.
기쁨이라는 감정은 극적인 것이 아니었다. 천천히 느껴지는
미열 같은 감정이었다. 몹시 강한 자극을 주는 상처와

비교하면 보잘것없는 열량의 감정이 내 속에 있었다.

싫어하는 줄 알았던 꽃

갑자기 맨드라미꽃이 떠오른다. 여름에 피어나는 닭 벼슬을
닮은 꽃.
나는 오랫동안 맨드라미를 좋아하지 않았다. 무더운 여름에
그 꽃을 보면, 가슴이 답답해지고 목구멍이 무언가로
막히는 듯했다. 그리고 내장이 안쪽부터 어루만져지는 듯한
불쾌함이 치밀었다. 나는 그동안 계속 '그냥 이 꽃이
별로 좋지 않은 거야.'라고 생각했다.

얼마 전의 일이었다. 집에 장식할 꽃을 사는 단골 꽃집에서
불현듯 어떤 꽃에 시선이 사로잡혔다. 좀 작고 귀여운
분홍색 맨드라미꽃이었다. 맨드라미꽃은 구입한 적도
장식한 적도 전혀 없었지만, 그날은 그 꽃이 좋아 보여서
구입했다. 집에 돌아와 꽃병에 꽂고 꽃을 바라보는데,
갑자기 어떤 광경이 눈앞에 떠올랐다.
초등학교 4학년 때. 나는 친구인 사오리의 집에 가는 길에
남자에게 무언가를 당했다. 무슨 일을 당했는지는 기억나지
않는다. 그저 무척 무서웠고, 아팠고, 싫었다는 것만 기억에
남아 있다. 그때 나는 어느 밭의 구석진 곳에 있었고, 그곳에

는 맨드라미꽃이 피어 있었다. 진한 붉은색 꽃이었다.
그때부터 맨드라미꽃이 내게 무섭고, 아프고, 싫은 존재가
되었던 것이다. 그 꽃을 볼 때마다 목구멍이 무언가로 막힌
듯해 숨을 쉴 수 없고, 내장을 안쪽부터 어루만지는 듯한
불쾌한 느낌이 들고, 괴롭고 두려운 감정이 분출하듯이
내게 닥쳐온다. 무슨 일이 있었을까. 나는 아직도 기억해
내지 못하고 있다. 기억해내기 싫기도 하다. 하지만
한 가지는 안다. 그때 나는 '만져지지' 않았다는 것.
'만지다'에 뒤따르는 천천히 스미는 듯한 고마움, 기쁨,
행복감과 정반대되는 것밖에 없는 경험이었다.

누군가의 몸과 접촉했지만 '만지다'와 '만져지다'가 없었던
경험이 초등학교 4학년 때만 있었는지, 더 있었는지는
모른다. 내가 아는 것은 그 일로 내가 몹시 심한 상처를
입었다는 것이다. 그런 사실을 나는 35년 동안이나 기억해
내지 못했다. 아니, 아마도 기억해내지 않으려고 해왔을
것이다. 그리고 그때 입은 상처가 누구에게도 치료를 받지
않고 지금에 이르렀다는 것은 틀림없는 사실이다.
내 생각에 남자와 섹스를 하면서 겪는 '만져지지 않는'
경험은 아무래도 그때의 상처를 재확인하는 행위인 것
같다. 나는 지금 탁자에 장식된 맨드라미꽃을 보면서
그렇게 생각한다.

몸은 위험하고 성가시지만

내가 지금까지 경험한 상처는 모두 몸이 있기에 생겨났다.
몸이란 얼마나 성가신 것이란 말인가.
만약 몸이 없었다면, 내가 어린 시절 경험한 일 같은 불행이
일어나지 않았을 것이다. 섭식장애에 시달리지도 않았을
것이다. 섹스도 존재하지 않을 것이다. 몸만 없으면 모든
문제가 해결되지 않을까? 혹시 죽음이라는 개념까지
없어진다면, 이 책 첫머리의 '죽고 싶다'가 극단으로 치달아
자살을 시도한 일도 없어질 것이다. 그러면 무척 좋을 것
같기도 하다. 평화로워지지 않을까.
여기서 다시금 '만지다'에는 반드시 몸이 필요하다는
사실을 생각한다. 몸은 일정하지 않으며, 무한하지 않다.
나에게 몸이란 언제나 있어야 하는 자리에 없는 것이었다.
내 몸은 내 것이 아니고, 다른 누군가를 위한 것 같았다.
내 몸은 대체 누구 것일까? 내 몸은 정말로 내 것일까?
더 나아가 우리는 어째서 불확실성으로 가득 찬 몸이라는
것을 매개로 '서로 만지는 것'일까? 사람이 누군가를 '만질'
때, 그 행위는 결코 일방적이지 않으며, 상대방과의 관계는
언제나 상호적이다. '만지다'와 '만져지다'는 뒤섞이고
'서로 만지다'가 된다.
왜 사람에게는 몸이 있을까. 몸은 언제나 마음대로 되지
않는데, 하물며 타인의 몸은 이해할 수 없는 것들로

가득하고, 내 몸이 타인에게 무슨 일을 당할지 모르는 위험성이 항상 도사리고 있다.

태어난 직후의 아기를 생각한다. 아기는 얼마나 연약한 존재란 말인가. 스스로는 이동할 수도 먹을거리를 구할 수도 없다. 처음부터 타인에게 자기를 맡기는 존재. 인간은 다른 동물들에 비해서도 '만지다'와 '만져지다'의 불확실성을 강하게 지니고 있는 생물이다. 아직 아무것도 걸치지 않은 갓난아기의 체온을 떠올린다. 그 체온을 기억하는 내 가슴을 생각한다.
나는 몸 때문에 몹시 괴로운 경험을 많이 해왔다. 그랬는데도 나는 갓난아기의 체온을 사랑스럽다고 생각한다. 나는 몸이 있어서 다행이라고 생각한다. 아기의 작디작은 발가락을 하나씩 살며시 만진 일을 떠올린다. 그 발가락은 마치 옥수수알처럼 작았다. 나는 울면서 잡았던 남편의 손을 떠올린다. 그 손은 내 손보다 훨씬 부드럽고 뜨거웠다. 내 것이 아닌 체온.

나는 당신을 만지고 싶다

물론 좋은 순간만 있지는 않았다. 상처 입은 몸도 있었다. 하지만 사랑스러운 기억을 지닌 몸이기도 했다. '만지다'는 일회성의 시간을 갖는다는 의미다. 다시 말해 무척 생생하게 살아 있는 것이다. 움직이면서 멈추지 않고 흔들리는 것이다. 끊임없이 변해가는 것이다. 일정하지 않고, 확실하지 않고, 계속 변화하고, 가만있지 않는다. 얼마나 성가신가. 마음대로 되지 않는다.
그렇지만 나는 그런 걸 좋아한다. 그야말로 살아 있는 것이라고 생각하니까.
내 몸은 상처 입고, 슬퍼하고, 괴로워서, 울었다. 삶이란 참으로 성가시고 마음대로 되지 않는다. 하지만 나는 상처 입은 때로부터 30년 넘게 지난 뒤에 맨드라미꽃을 나를 위해 사지 않았는가. 나를 위해서 요리를 만들지 않았는가. 내 몸은 역시 내 것이다. 내 몸은 이제야 내 것이다. 나에게로 몸이 돌아왔다. 당신의 몸은 당신의 것이다. 내 몸과 당신의 몸. 성가심도 불확실함도 뛰어넘어서 나는 당신을 만지고 싶다. 나는 당신에게 만져지고 싶다.
상처를, 기억을 없는 일로 만들 수는 없다. 상처는 내 몸에 흔적을 남겼고, 그 흔적은 지울 수 없다. 기억을 바꿀 수도 없다. 하지만 상처는 없어지지 않아도 흐려지기는 한다. 기억을 바꿀 수는 없어도 덧씌울 수는 있다. 그것은 얇은 망사를 씌우는 듯한 보잘것없는 일일지도 모른다. 그럴지도 모르지만, 삶은 그로부터 시작하지 않을까. 그로부터 나는 다시 살아갈 수 있지 않을까.

에필로그

 이 책을 모두 쓴 2024년 7월 현재, 내가 어떻게 지내고 있는지 적어두고 싶다. 왜냐하면 이 책이 '끝난 이야기'가 아니라는 것을 전하고 싶으니까. 그리고 내가 이렇게 회복해 왔다는 '훈훈한 이야기'로 읽히지 않길 바라니까.

 팔리는 책이 되기 위해서는 '이 방법을 써보니 해결되었다!'라는 메시지를 담는 편이 좋을지도 모른다. 나도 여태껏 그런 책을 수없이 펼쳐 보았다. 새로운 방법을 찾으면 이게 틀림없이 나를 구해줄 것이라고 기대를 품었다. 책뿐만이 아니라 병원, 치료법, 약, 상담 등에도 그렇게 기대했다. 그때마다 나는 '역시 소용없어.'라며 낙담했고, '내가 잘못된 게 아닐까.'라고 자책했다. 마법 같은 건 아무리 찾아도 눈에 띄지 않았다.

　이 책을 쓰는 행위도 마찬가지다. '글쓰기'라는 행위를 통해서 나는 스스로의 내면에 깊이 파고들었다. 그 결과 나 자신과 다시 만나고, 세계와도 새롭게 만날 수 있었다. 그 체감에 거짓은 없다. 하지만 그 경험이 마법처럼 내 문제를 해결해주지는 않았다.

　'죽고 싶다'가 내게 다가오는 빈도는 낮아지고 있다. 때때로 (전에는 상상도 못 했던 일인데) 아예 오지 않는 날도 있다. 하지만 아무래도 그런 날은 드물다. 나는 지금도 종종 죽고 싶다. 전철을 기다리다 선로에 뛰어들고 싶을 때도 있다. 하지만 예전과 다른 점이 있다면, 그럴 때 '나는 정말로 그러고 싶은 건 아니다.'라고 조금 떠올릴 수 있는 것이다.

　혼란에 빠진 중에도 '글쓰기'라는 행위를 함으로써 '나는 살고 싶은 것이다.'라는 가늘지만 확실한 실을 손에 넣을 수 있었다. 겨우 실 한 올이지만 나는 지금 그 실을 소중히 여기고 있다.

　내 일상이 곤란한 일로 가득한 건 변함없다. 자폐스펙트럼 경향은 여전하고, 과거에 일어났던 괴로운 일이 깨끗하게 흔적도 없이 사라지는 법도 없다. 그런 와중에 나는 1분,

한 시간, 하루를 쌓아가고 있다. 마음이 어떻게 해도 우울해져 약을 먹을 때도 있다. 1주에 1회 방문간호, 1주에 3회 상담, 3주에 1회 정신과 병원 통원 등 의료 제도의 도움도 받고 있다.

회복, 치유의 의미는 무엇일까? 회복이나 치유라고 하면, 많은 사람들이 아픈 부분을 제거하거나 약으로 증상을 없애고 원래 상태로 돌아가는 것을 떠올릴 것이다. 하지만 내가 생각하는 회복과 치유는 좀 다르다.

회복과 치유는 흔들림 없는 일정한 상태가 되는 것이 아니라는 생각이 든다. 더욱 움직이는 것, 변해가는 것의 도중에 회복이 있다고 느낀다. 왜냐하면 삶이 바로 그런 것이니까. 우리는 언제나 반드시 '삶의 도중에 있다'. 그러니 회복이란 '계속 삶의 도중에 있는 것'이 아닐까.

내 증상과 괴로움이 흔적도 없이 사라질 일은 없다. 하지만 어려움과 괴로움과 상처를 포함하여 나는 지금, '삶의 도중에 있음'을 확실히 체감하고 있다.

마치며

2023년 11월, 나는 조심조심 생활하고 있었다. 바로 앞선 달에 7주 동안의 행정입원을 마치고 퇴원한 직후였다. 많은 것들이 두려웠다. 집에 돌아와 마주한 세계에는 온갖 것들이 있었다. 나는 입원 중에 멈추고 쪼그라들었던 내 마음이 다시 움직이는 게 두려웠다. 또 '죽고 싶다'는 생각이 들면, 대체 어떻게 해야 할까. 나는 원래의 나로 돌아갈 수 없을 것 같았다. 행정입원으로 나는 피폐해졌고, 신경을 전부 소모했고, 극심한 상처를 입었다.

어느 날, 전화로 친구와 대화를 했다. 내 마음이 지금 어떤지 이야기하자 친구는 "지금 한 이야기를 써봐."라고 말했다. 그 한 마디로부터 우여곡절을 거쳐 이 책이 태어났다.

2023년 크리스마스가 선명히 기억난다. 12월 25일 오후, 나는 꿈같은 일이라고 생각하며 출판사 이가쿠쇼인医学書院의 회의실에서 편집자 이시카와 나리코石川 誠子 씨와 만났다. 입원 중에도 주위 환자들로부터 "흔한 일이지." "퇴원이 빠른 편이야." "보호실에 가지 않아 다행이네." 같은 말을 들은 내 평범한 행정입원 이야기를 누군가가 들어주리라고는 생각지도 못했다. 너무 몰입한 탓에 무슨 이야기를 했는지 거의 기억나지 않는다. 이런저런 질문을 받으면서 행정입원과 상관없는 이야기도 잔뜩 했던 것 같다. 그리고 잡지 『정신간호精神看護』에 원고를 쓰게 되었다.

나는 단카를 30년 넘게 썼지만, 산문, 이른바 논픽션은 어떻게 써야 할지 전혀 몰랐다. 몰랐지만 연말연시에 조금씩 썼다. 글을 쓰는 사이에 쪼그라들고 굳어버린 내 마음이 조금씩 풀리는 느낌이 들었다. 그렇게 완성한 원고는 애초에 청탁받은 8000자의 두 배인 1만 6000자였다. 나는 "이제 줄일 텐데, 일단 제가 쓴 글을 읽어주세요."라며 완성한 원고를 보냈다. 내 글을 읽은 이시카와 씨는 "이 글은 줄이면 안 돼요. 그대로 싣죠."라고 해주었고, 글을 전편과 후편으로 나누어 잡지에 실어주었다(2024년 5월호와 7월호).

그 뒤 이시카와 씨는 내게 연락해 "책을 쓰시지 않겠어요?"라고 제안했고, 책을 쓰게 되었다. 책의 구성은 행정입원뿐 아니라 과거의 나를 돌아보고, 현재의 나를 그대로 옮겨보는 것이었다.

※

이 책은 1부에서 2부로 넘어가며 쓰는 방식이 확 바뀐다.

1부는 지금까지의 나를 돌이켜보고, 그걸 한 편의 이야기로 새로 짓는 작업이었다. 나는 그 글을 독자 여러분에게 하나하나 설명하듯이 썼다.

2부는 어디로 향하는지, 목적지는 어디인지 모르는 채 여행하는 듯한 작업이었다. 그런 방식은 편집자 이시카와 씨가 제안했다. 내가 스스로 의문을 제기하고 그걸 풀기 위해 나아가는 과정 자체를 독자들에게 보여주는, 그런 삼각형 구조가 되도록 의식하면서 쓰는 방식이었다. 그렇게 글을 쓰는 건 처음이라 나에게도 새로운 도전이었다.

나와 이시카와 씨는 처음에 2부의 제목을 '망상의 자유'라고 붙였다. 왜냐하면 항상 변화하고, 움직이고, 형태를 바꾸는 현상을 포착하려 할 때는 발상을 일정한 틀에 가두지 않고 자유롭게 해방할 필요가 있었기 때문이다. "망상도 포함하면서 사실에 얽매이지 말고 써보죠."라고 이시카와 씨가 말해준 덕분에 '사실'이라는 올가미에 사로잡혀 있던 나는 훨씬 편하게 쓸 수 있었다. 그렇게 부분적으로 픽션을 섞어서 2부가 완성되었다(어디가 픽션인지는 독자의 상상에 맡긴다. 하지만 글에 쓴 고통과 슬픔, 내가 느낀 것은 전부 사실이다).

나는 이 책을 쓰는 과정에서 광대한 세계로 나가 여행하는 듯한 생생한 느낌을 받았다. 우선 1부에서는 지금까지 내가 한 경험, 실제로 내가 어떻게 이 세계를 바라보는지를 새삼 언어화했다. 그것은 치료 같은 경험이었다. 머릿속에 있던 생각을 다시 언어로 변환함으로써 재발견하는 순간이 많았다.

그리고 2부에서는 더욱 자유롭게 공상을 섞으면서 깊은 사고의 우물 속으로 잠수하는 듯한 경험을 했다. 2부를 쓸 때의 느낌은 좀 특별했는데, 일상에서 벗어나 정말로 여행하는 것 같았다. 결론이 있고 그것을 설명하는 게 아니라 내가 쓰면서도 어디로 나아갈지 전혀 알 수 없는 두근두근 조마조마한 느낌. 2부를 쓰다가 매번 생각지도 못한 풍경에 도달했다.

※

이쯤에서 뜬금없지만, 꼭 요리에 대한 글을 보태고 싶다.

나를 위해서 요리를 해보니 지금까지 내 속에 담아둘 수 없었던 타인(음식=이물)을 담을 수 있게 되었다. 그리고 내 몸의 윤곽을 알 수 있게 되었다. 앞서 그렇게 적었다. 실제로 내가 이 책을 쓰면서 직접 경험한 일이다.

그렇지만 나와 비슷한 마음을 품고 있는 사람, 섭식장애가 있는 사람이 모두 자신을 위해서 요리하기만 하면 단번에 문제가 해결되리라고는 전혀 생각하지 않는다. 자신을 위해 요리하는 것은 무척 중요한 자기 돌봄이다. 하지만 그렇다고 '요리 요법' 같은 것은 아니다.

요리에는 많은 과정이 있다. 재료를 준비하고, 손을 복잡하게 움직이고, 여러 공정을 거친 뒤에야 먹을 수 있는 것, 맛있다고 여길 수 있는 것이 완성된다. 나는 요리에 있는 이 과정이야말로 중요하지 않을까 생각한다.

초등학생 때의 성피해, 열네 살 때의 백혈병 경험으로 내 인생의 시간은 어떤 면에서 멈추고 말았다. 몸뿐 아니라 내 시간도 마음도 잘게 나뉘어 단편적인 것이 되어버렸다. 지금 여기에 있는 내가 여러 과정을 거쳐 존재하는 것이라는 체감이 흐릿하다. 그 잃어버린 공백을 발견하는 것은 그 후의 시간을 살아가기 위해, 마음을 되찾기 위해 필요하다고 생각한다.

그러기 위한 일종의 방법으로 나 자신을 위해 요리한 것은 내게 좋은 효과를 주었다. 삶이란, 과정 그 자체다. 삶은 언제나 활동하고 변화한다. 그런 변화 속에서 삶을 잘 체감하기 위한 수단으로 요리는 효과적이다.

여자들과 대화를 나누다 보면 나처럼 섭식장애가 있지 않은데도 '나를 위한 요리를 하지 못한다'고 느끼는 사람이 많아서 깜짝 놀란다. 타인만을 위해 음식을 만들다 내가 무엇을 먹고 싶은지도 모르게 되었다거나, 나를 위해 좋아하는 그릇에 담는 게 귀찮아서 냄비째 그냥 먹는다거나, 다른 사람한테 나눠주기만 하다 어느새 내가 먹을 게 없었다는 경험을 들을 때가 많다.

자신을 위해 요리하는 것은 내가 나로 존재한다는 사실을 기뻐하고 즐기는 데 무척 좋은 일이라고 생각한다. 그것은 지금의 자신에 이르는 과정을 인식하고 체감하는 일이다. 삶에 매우 필요한 일 아닐까. 그리고 타인에게 상처 입은 경험이 있는 사람에게 자신의 손으로 음식을 만들어서 이물(타인)인 요리를 맛있고 즐겁게 먹는 경험은 중요한 의미가 있다. 다시금 타인을, 그리고 이 세계를 신뢰하는 것으로 이어질 수 있으니까.

앞서 말했듯 '요리 요법'은 아니지만, 여기까지 읽고 흥미를 느꼈다면, 부디 자신을 위해 요리를 만들어보길 바란다. 내가 무엇을 먹고 싶은지 깨닫고, 자신의 손을 써서 만드는 것은 무척 기쁜 행위라고 생각한다. 좋아하는 접시에 요리를 담고, 한 입씩 맛보길 바란다. 자신의 마음을 건져내어 구체적으로 만들어보는 것은 자기 자신을 소중히 대하는 것이다. 그것이 자신을 향한 용서, 그리고 삶으로 이어진다.

*

마지막으로.

이 책을 끝까지 쓸 수 있었던 것은 누구보다도 편집자 이시카와 나리코 씨 덕분이다. 글쓰기라는 작업은 때로 아무것도 보이지 않는 어둠 속에서 없는 길을 찾아 홀로 나아가는 것과 비슷하다. 이시카와 씨는 언제나 내 글을 첫 번째 독자로서 읽어주고, 격려해주고, 빛을 밝혀주고, 조언을 주었다. 이시카와 씨 없이 나는 이 장대한 여행을 결코 계속할 수 없었을 것이다. 진심으로 깊은 감사를 전하고 싶다.

또한 '정원에 파묻은 것은 파내야 한다'는 이 책의 일본어판 제목을 발견해준(발굴해준) 사람도 이시카와 씨다. 수없이 반복해서 꾸는 악몽이 나에게 중요한 은유라고 직감한 이시카와 씨는 이 책에 더할 나위 없는 제목을 붙여주었다. 내가 묻어버린 (묻지 않을 수 없었던) 진정한 자신을 직접 파내어 다시 바라보는 일은 앞으로도 살아가기 위해 반드시 필요한 작업이었다.

'정원에 묻은 것을 파내는' 작업은 애초의 상상을 아득히 초월한 넓고 깊은 일이라 계속 헤맬 수밖에 없었다. 하지만 나는 일찍이 묻어버린 것과 마주하여 도망치지 않고 다시 바라볼 수 있었다. 솔직히 말하면 평생 걸려도 해내지 못할 것이라고 생각했다. 그만큼 정원에 묻은 것은 내게 두려운 것이었고, 절대로 누구에게도 알려서는 안 되는 것이었다. 이 책을 통해 그것을 파내고 바라볼 수 있었던 것은 나에게 삶의 희망을 주고 있다.

마지막으로 여기까지 내 여행을 함께해준, 지금 이 책을 읽어주고 있는 독자 여러분에게도 진심으로 감사를 전하고 싶다. 글쓰기라는 행위는 그 글이 읽힐 때 비로소 완성된다고 생각한다. 어떻게 읽어도 상관없다고 생각하지만, 한 가지 바람이 있다면 이 책을 읽은 사람이 '살 수 있는' 것이다. 내가 나로서 있는 것을 즐기고, 기뻐하고, 미래를 기도하는 것. 당신이 당신으로 있는 것을 즐기고, 기뻐하고, 미래를 기도하는 것. 그것이 바로 '사는' 것이라고, 나는 생각한다.

2024년 7월, 푸조나무가 바람에 살랑거리는 걸 보면서

사이토 미에

정원에 묻은 것을 파내야 한다
죽고 싶은 몸과 마음의 흔적을 찾아서

초판 1쇄 발행　　　2025년 12월 5일

지은이　　　　　사이토 미에
옮긴이　　　　　김영현
펴낸이　　　　　김효근
책임편집　　　　김남희
제작　　　　　　세걸음
펴낸곳　　　　　다다서재
등록　　　　　　제2023-000115호(2019년 4월 29일)
전화　　　　　　031-923-7414
팩스　　　　　　031-919-7414
메일　　　　　　book@dadalibro.com
인스타그램　　　@dada_libro

한국어판 ⓒ 다다서재 2025
ISBN 979-11-91716-43-6 03330

- 이 책 내용의 전부 또는 일부를 재사용하려면 반드시 저작권자와 다다서재 양측의 동의를 받아야 합니다.
- 책값은 뒤표지에 표시되어 있습니다.